石油和化工行业"十四五"规划

国家级一流本科专业建设成果教材

建筑碳中和概论

JIANZHU TANZHONGHE GAILUN

霍海娥　刘继才　宋维佳　主编

刘贵文　审

化学工业出版社

·北京·

内容简介

《建筑碳中和概论》全书共有 7 个章节，包括绪论、建筑碳中和的发展背景、碳中和发展现状及实现路径、绿色建筑可持续技术、建筑节能减碳技术、装配式建筑碳排放核算方法以及绿色建筑可持续技术案例等。本书阐述了建筑碳中和的基本概念、发展现状与方向，提出了建筑碳中和人才需求与培养路径；详细讲解了绿色电力、绿色建筑材料和绿色节能减碳等建筑可持续技术的基本原理及实现过程；从能源开采、能量利用和能源管理等方面，对建筑节能减碳技术的应用进行了综合分析；结合装配式建筑讲解碳排放核算的目的、范围及基本公式，归纳出了常用的碳排放因子，为读者进行碳排放核算提供参考；结合国内碳中和典型案例，以期加深读者对建筑可持续发展技术和节能减碳技术的理解。

本书可作为土木工程、智能建造、工程管理、建筑环境与能源应用工程、建筑学、环境工程、城市设计等相关专业研究生、本科生、高职学生的课程教材，也可作为通识课程教材，亦可供建筑设计、施工、咨询、能源管理等领域的专业人员学习参考。

图书在版编目 (CIP) 数据

建筑碳中和概论 / 霍海娥，刘继才，宋维佳主编.
北京 ：化学工业出版社, 2025. 8. -- (国家级一流本科专业建设成果教材). -- ISBN 978-7-122-48095-8

Ⅰ. F426.9

中国国家版本馆 CIP 数据核字第 2025XF3343 号

责任编辑：刘丽菲   文字编辑：刘雷鹏
责任校对：田睿涵 张茜越   装帧设计：刘丽华

出版发行：化学工业出版社
      （北京市东城区青年湖南街 13 号   邮政编码 100011）
印　　装：大厂回族自治县聚鑫印刷有限责任公司
787mm×1092mm   1/16   印张 9¼   字数 227 千字
2025 年 9 月北京第 1 版第 1 次印刷

购书咨询：010-64518888
售后服务：010-64518899
网　　址：http://www.cip.com.cn
凡购买本书，如有缺损质量问题，本社销售中心负责调换。

定　　价：39.80 元   版权所有　违者必究

前言

习近平总书记在党的二十大报告中深刻阐述："实现碳达峰碳中和是一场广泛而深刻的经济社会系统性变革。"全球气候变化应对已成为国际共识，碳中和则是人类前所未有的自我革新壮举。"双碳"目标作为一项长期且复杂的综合性任务，将全面重塑我们的生产模式、生活方式、消费习惯及思维方式，给社会各领域带来深刻影响与巨大变革。为积极响应《中共中央 国务院关于完整准确全面贯彻新发展理念做好碳达峰碳中和工作的意见》，以及教育部《绿色低碳发展国民教育体系建设实施方案》和《加强碳达峰碳中和高等教育人才培养体系建设工作方案》等指导性文件，编写"碳中和"相关教材已成为当务之急。

本书以"碳中和"为主线，重点强调建筑领域碳中和思想与绿色发展理念，围绕"双碳"目标组织教材内容，确保知识体系的系统性。本书的编写聚焦我国碳达峰碳中和的重大战略决策，紧盯建筑行业的未来发展趋势，整合当前国内外最新的研究成果、技术创新和案例研究，确保本书内容的时效性和前瞻性。本书首先以"绿色"为中心，叙述了什么是绿色思维和绿色理念，重点突出绿色低碳发展的重要性和长远意义，并介绍了碳中和人才的需求及培养目标。接着阐述了绿色电力发电技术和绿色建筑材料，其中绿色电力发电技术介绍了光伏发电技术、风力发电技术、风光互补发电技术以及水力发电技术；绿色建筑材料主要介绍了绿色保温材料和绿色墙体材料。针对建筑节能减碳技术，介绍了化石能源（煤炭、石油、天然气）的节能减碳技术、能量利用的节能减碳技术以及综合能源服务技术；然后以装配式建筑为例介绍了碳排放的核算，包括核算目的、范围、功能单位、核算方法，并对碳排放因子进行了分析，列出装配式建筑全寿命周期的碳排放计算公式，为开展建筑碳排放核算提供了思路和借鉴。最后列举了四个国内已完工的低碳建筑案例，介绍了其所运用的绿色节能减碳技术，为后续低碳建筑的推广应用提供借鉴。

本书为新形态教材，配有"在线习题"，读者可扫二维码获取，自测学习情况；教师可通过本书配有的"班级工具"创建班级对学生学习情况进行管理。

本书由西华大学霍海娥、西南交通大学刘继才以及东北财经大学宋维佳主编，西华大学秦媛媛、四川师范大学段翠娥、西华大学吕原丽任副主编。绪论、第1～2章由霍海娥编写，第3章由宋维佳编写，第4章由刘继才编写，第5章由秦媛媛编写，第6章由段翠娥编写；全书由霍海娥统一定稿。重庆大学刘贵文对全书审稿并提出审读意见。西华大学胡忠经、张弛等老师为本书的出版提供了很多宝贵意见；西华大学硕士研究生刘婷婷、周渝、刘斐彦三位同学在资料整理、文稿校核及编务协调等方面付出了辛勤劳动，在此表示感谢。

由于碳中和相关内容具有覆盖面广、战线长、技术创新迭代快等特点，鉴于编者知识、能力、视野的局限性，书中难免存在不足，恳切希望使用本书的读者批评指正，以利于修订和完善。

编者

2024 年 11 月 18 日于成都

目录

111 第 6 章 绿色建筑可持续技术案例

绪论

工业化及城市化进程的不断推进，带来了以二氧化碳为主的温室气体排放量的增加，气候变化已成为全球关注的环境问题。建筑碳排放是引起这一环境问题的主要原因之一，2021年建筑物运营及建材生产的碳排放量占全球排放量的37%左右。为了应对这一气候问题，2019年9月，世界绿色建筑委员会（World Green Building Council，WorldGBC）在其发布的《将隐含碳提前》一文中呼吁"到2030年，所有新建建筑、基础设施和翻修项目的隐含碳将至少减少40%，并显著减少前期碳排放，所有新建建筑必须实现净零运行碳排放；到2050年，新建建筑、基础设施和翻修项目将实现净零隐含碳排放，所有建筑，包括现有建筑，必须实现净零运行碳排放。"2022年，WorldGBC发布了《推进净零状态报告》，进一步强调了建筑碳减排的紧迫性并提出具体减排路径。

2020年9月22日，国家主席习近平在第七十五届联合国大会一般性辩论上发表重要讲话，他提出："中国将提高国家自主贡献力度，采取更加有力的政策和措施，二氧化碳排放力争于2030年前达到峰值，努力争取2060年前实现碳中和。"我国"双碳"目标确定后，城乡建设领域开展了一系列的政策研究及标准制定工作。住房和城乡建设部联合国家发展改革委在2022年印发的《城乡建设领域碳达峰实施方案》中提出：

① 建设绿色低碳城市：优化城市结构和布局；开展绿色低碳社区建设；全面提高绿色低碳建筑水平；建设绿色低碳住宅；提高基础设施运行效率；优化城市建设用能结构；推进绿色低碳建造。

② 打造绿色低碳县城和乡村：提升县城绿色低碳水平；营造自然紧凑乡村格局；推进绿色低碳农房建设；推进生活垃圾污水治理低碳化；推广应用可再生能源。

③ 强化保障措施：建立完善法律法规和标准计量体系；构建绿色低碳转型发展模式；建立产学研一体化机制；完善金融财政支持政策。

④ 加强组织实施：加强组织领导；强化任务落实；加大培训宣传。

一直以来，建筑被认为是用能终端，要实现建筑零碳排放，首先要压减建筑运行中的能源消耗，于是高性能围护结构得到普遍重视，但考虑到成本投入和建筑类型，建筑仅依靠自身的传统设计很难实现运行阶段零碳排放，即使采用一定比例的可再生能源，受限于场地、建筑外表面积等因素，也难以从整体上实现零碳排放。因此，从当前各机构发布的零碳建筑（zero carbon building）或净零碳建筑（net zero carbon building）标准中可以看到，大部分机构都认可并采用了外部抵消措施。2021年8月，政府间气候变化专门委员会（IPCC）发布第六次评估报告（AR6）第一工作组报告，细化了碳中和的定义，即"碳中和是指一定时期内特定实施主体（国家、组织、地区、商品或活动等）人为二氧化碳排放量与人为二氧化碳清除量之间达到平衡"。建筑是一类特殊的产品，引入外部抵消的方式，不仅符合碳中和的定义，而且能够更清晰地表述现阶段建筑实现零碳排放的技术路径。因此，我们将基于高供能建筑，引入外部抵消措施，计划或已经实现特定时间段零碳排放的建筑定义为碳中和建筑。

虽然目标一致，但"碳中和""零碳""净零碳"在定义上，存在些许差异。加拿大绿色建筑委员会（Canada Green Building Council，CAGBC）给出的零碳建筑定义是：在建筑现场生产的可再生能源和采购的高质量碳补偿措施完全抵消与建筑材料和运营相关的年度碳排放的高效节能建筑。此时"碳中和"与"零碳"是完全一样的，而 WorldGBC 定义的净零碳建筑则是"高效节能的建筑，完全由现场或场外可再生能源提供动力"。此时"碳中和"的范围比"净零碳"的范围大，即碳中和建筑实际上包含了建筑自身实现的零碳排放（运行阶段）和借助外部抵消措施实现的零碳排放（运行阶段或全寿命周期）。

　　"碳中和""零碳""净零碳"定义的差别，来源于各地区不同的气候条件、资源禀赋以及建筑技术和经济发展水平等。因此，碳中和建筑的评价体系应充分考虑当前的建筑节能要求、建筑新技术发展水平和发展趋势、碳市场的建设情况等因素，使之符合当前我国城乡建设低碳发展的基本要求，同时能够支撑新技术的应用，推动建筑深度减碳。

第1章
建筑碳中和的发展背景

1.1　气候变化及应对策略

工业革命以来，工业化在全球范围内的加速扩张打破了人与自然的平衡，对气候环境造成的危害日益突出，引起了全球的广泛关注。如何有效保护生态环境，实现全球经济社会可持续发展已经成为人类面临的重大问题。气候变化加剧，自然灾害频发，威胁生态平衡，严重制约世界各国经济社会的可持续发展。

1.1.1　工业化进程对气候环境的巨大影响

探究工业化进程对气候环境造成的巨大影响，首先需要厘清工业化的具体内涵、历史阶段以及工业化对气候环境影响的主要表现和作用渠道。

根据《新帕尔格雷夫经济学大辞典》中的定义：工业化是一种过程，明确的工业化过程包含以下基本特征。首先，一般来说，国民收入（或地区收入）中制造业和第二产业所占比例提高了；其次，在制造业和第二产业就业的劳动人口比例也有增加的趋势。在这两种比率增加的同时，除了暂时的中断以外，人均收入也增加了。根据这一定义，工业化可以理解为工业产值在国民收入中比重不断上升且工业就业人数在总就业人数中比重不断上升的过程，是一个包括经济总量变化、经济结构变化和生产关系变革在内的发展过程。《政治经济学辞典》对工业化的定义是：社会主义工业化是机器大工业在社会主义国民经济中占优势地位的主导过程，即用现代科学技术装备工业，并用它去装备农业和国民经济其他部门，使国家由落后的农业国变为先进的工业国的过程……资本主义工业化是资本主义生产方式建立自己的物质技术基础，使大工业在国民经济中取得优势地位的发展过程。从这一定义可以看出，工业化的过程不仅是工业在国民经济中的地位超过农业的过程，还是先进工业技术对国民经济各部门进行装备的过程，即制造业对国民经济增长的长期驱动过程。

工业化具有实现经济发展、积累物质财富、满足人民需求、提高文明程度和推进现代化的重要作用，是每个国家走向现代化的必由之路。当前，工业化仍是发展中国家向发达国家转变的必经过程。经典工业化理论认为，对于任何国家来说，工业化都是一个不可跨越的发展阶段。一般可以将工业化的进程分为前工业化、工业化初期、工业化中期、工业化后期和后工业化五个时期。工业化始于18世纪60年代的英国，蒸汽机的发明和使用是工业革命的重要标志。因此，通常以1750年作为分界线，将1750年之前划分为前工业化时代。从具体研究一个国家或地区工业化水平的角度，可将工业化初期、中期和后期划分为前半阶段和后半阶段。工业化进程主要通过构建工业化指标体系进行综合评价，这主要包括一个国家或地区的经济发展、产业、工业、就业和空间结构等多维发展指标。不同国家和地区所处的工业化进程和阶段不同，英国是首个实现工业化的国家，通过第一次工业革命进入工业化初期阶段，随后在第二次工业革命中加快了工业化进程。19世纪下半叶开始的第二次工业革命推动工业生产由机械化时代进入电气化时代。得益于第二次工业革命，美国于 19 世纪 80 年代初步完成工业化。大部分发达国家于 19 世纪 70 年代至 20 世纪初期工业化热潮中完成初级工业化，如德国和日本积极调整产业结构，分别于 19 世纪 90 年代和 20 世纪 20 年代基本实现工业化。此外，以韩国、新加坡为代表的新型工业化国家在 20 世纪 80 至 90 年代实现工业化和经济赶超。中国通过 70 余年的奋斗，完成了西方 200 多年的工业化历程，并规划以"新型工业化"为核心，在 2035 年实现从"制造大国"到"制造强国"的历史性跨越。这一路径体现了中国共产党领导下集中力量办大事的制度优势，以及立足国情、与时俱进的战略智慧。

不同国家、不同历史阶段的工业化进程表明，随着工业化在全球范围内的不断推进，工业发展对气候环境造成的影响日益突出。自工业革命开始以来，各国在实现工业化的过程中不断排放包括二氧化碳在内的温室气体，使得大气中温室气体浓度急剧升高。有关数据显示，工业化以前全球年均大气二氧化碳浓度为 0.0278%，在 2022 年，世界气象组织（WMO）全球大气观测计划（GAW）站网观测到全球大气中二氧化碳浓度突破 0.0418%，全球大气平均二氧化碳浓度上升到过去 80 万年以来的新高。工业革命以来，大气层里的二氧化碳含量增加了约 50%。如果要把大气层里的二氧化碳含量降到工业化之前的水平，大致需要数百年。温室气体的排放增强了温室效应，加剧了全球变暖趋势。根据世界气象组织 2025 年 1 月 10 日宣布的消息，2024 年为目前人类历史上最热的一年，全球平均气温比工业化前（1850 年至 1900 年）平均水平高出约 1.55℃，首次突破了 2015 年《巴黎协定》所设的"1.5℃"温控目标。工业化进程带来的全球变暖问题造成了极端天气频发、生物多样性丧失和海平面上升等诸多问题，引起了全球的广泛重视。

工业化生产过程本质上是全人类参与的物质资源形态转化的过程，即将自然资源加工制造成可用于消费或再加工过程的产品，并且要以开采能源资源作为动力，实现加工制造过程的可持续。这意味着，工业化生产以消耗自然资源为前提，且在工业化生产过程中还会产生一系列废料，对自然环境具有负的外部性。作为以大规模机器生产为主要特征的生产活动，工业革命标志着化石燃料的大规模开发、使用和剩余排放。

在全球气候变化的大背景下，碳排放数据是衡量各国责任与贡献的关键指标。发达国家传统工业化道路的显著特征是"先污染后治理"。近期的研究成果为我们提供了更精准的认知。英国利兹大学等机构 2023 年 6 月发表于《自然•可持续发展》杂志的研究指出，全球约 90% 的过量碳排放源自美国等发达国家。这意味着，发达国家的全球碳减排历史责任尤为沉重。从工业化进程的漫长时间线来看，虽然缺乏世界资源研究所最新的精确统计，但早期数据足以说明问题。从工业革命开始到 1950 年，发达国家的排放量占全球累计排放量的 95%；从 1950 年至 2000 年，这一比例仍维持在 77%。可见，发达国家在工业化进程中对全球碳排放的影响深远。

工业化进程主要通过以下渠道使得大气中温室气体浓度急剧增加，对气候环境产生严重影响：第一，工业化生产以化石能源的燃烧作为动力，在大量开采煤炭等地下矿物能源的过程中会增加大气中的甲烷浓度；第二，在工业化进程中，化石燃料的燃烧每年约释放 50 亿 t 二氧化碳，会直接增加空气中二氧化碳的浓度；第三，原始森林树木被大量砍伐作为燃料焚烧，不仅直接增加了大气中二氧化碳的浓度，还降低了森林吸收二氧化碳的能力，加剧了全球变暖；第四，在工业生产过程中，燃烧化石能源的工业废气直接增加了大气中的温室气体浓度，如 1952 年伦敦烟雾事件正是由于煤炭燃烧产生的废气受反气旋影响而积聚；第五，工业化是使工业技术装备覆盖国民经济各部门的过程，如在推进农业现代化和机械化的过程中，农田化学氮肥的投入和动物排泄物数量的增加会导致大气中温室气体浓度增加；第六，工业化推进了城市化进程，引起生活方式的巨大转变，不仅工业化生产中需要使用化石燃料，交通出行、城市用电需求在工业化前期也主要依靠传统化石能源。随着工业化进程的不断推进，技术的进步和能源体系的多元化使得单位碳排放浓度逐渐降低，但发达国家在实现工业化过程中造成的历史存量碳排放和发展中国家在推进工业化过程中形成的增量碳排放，使得气候环境面临严峻挑战。

通过探究工业化历程及其与气候变化的关系可以明确，发达国家在工业化进程中排放的大量温室气体是导致气候变化的最主要原因。因此，发达国家应当作为历史碳排放的主要责任方。进入工业化后期的发达经济体已实现经济发展与碳排放脱钩，能源消费已经由煤炭、石油转向天然气等更加清洁的能源。发达经济体与发展中国家处于不同的发展阶段，拥有不同的现实能力和历史责任。

在推进工业化、改善民生福祉和实现可持续发展的过程中应对气候变化的挑战，需要统筹环境保护和经济发展、兼顾气候变化和保障民生，为构建人类命运共同体、人与自然的生命共同体不懈努力。

1.1.2　国际社会积极应对气候环境变化

全球气候变化问题是当前世界各国的热点问题，位于全球环境问题之首，对人类的生存与发展产生深刻影响，直接关系各国的切身利益，是当今国际社会共同面临的重大挑战，受到国际社会的普遍关注。唯有国际合作、携手应对，才是解决气候变化问题的正确选择。

1.1.2.1　全球气候治理历史进程

1972 年 6 月，联合国人类环境会议在瑞典斯德哥尔摩举行，这是联合国开展国际环境治理工作的起点。会议成立联合国环境规划署作为联合国环境治理的领导机构，并通过了全球性保护环境的《人类环境宣言》和《行动计划》，以鼓舞和指导世界各国人民保护与改善人类环境。此次会议中，国际社会第一次就人类对全球环境的权利与义务的共同原则作出规定，标志着人类共同保护环境历程的开始，环境问题自此被列入国际议事日程。

1979 年 2 月，世界气象组织第一届气候大会在瑞士日内瓦召开，气候变化第一次作为受到国际社会关注的问题被提上议事日程。会议通过《世界气候大会宣言》，旨在引导国际社会积极关注气候变化。

1988 年，联合国环境规划署和世界气象组织成立政府间气候变化专门委员会（Intergovernmental Panel on Climate Change，IPCC），对气候变化进行科学评估。IPCC 出台的评估报告是国际社会认识和了解气候变化问题的主要科学依据。1988 年 12 月，联合国第 43 届大会通过《为人类当代和后代保护全球气候》的决议，并于 1992 年 6 月在巴西里约热内卢举行的联合国环境与发展大会期间开放签署。此外，会议还通过了《里约环境与发展宣言》《21 世纪议程》《联合国气候变化框架公约》等一系列重要文件，气候变化问题逐渐成为全球热点问题。

1997 年 12 月，第三次《联合国气候变化框架公约》缔约方大会在日本京都举行，大会通过《联合国气候变化框架公约的京都议定书》(简称《京都议定书》)，是世界进入温室气体减排时代并采取具体行动的开始。《京都议定书》的目标是将大气中的温室气体含量保持在适宜数值，避免人类因剧烈气候变化而受到伤害。2005 年 2 月，《京都议定书》在通过八年后正式生效，是人类历史上首次以法规的形式限制温室气体排放。

2007年12月，第十三次联合国气候变化大会产生"巴厘岛路线图"，成为世界应对气候变化的实施路线，为应对气候变化、全球变暖寻求国际共同解决措施。

近年来，国际社会在应对气候变化方面持续发力。2015年12月，《联合国气候变化框架公约》第21次缔约方大会在法国巴黎举行，近200个缔约方一致通过《巴黎协定》。该协定为2020年后全球应对气候变化行动作出安排，长期目标是将全球平均气温较前工业化时期上升幅度控制在2℃以内，并努力将温度上升幅度限制在1.5℃以内。2021年11月，第26届联合国气候变化大会在英国格拉斯哥举办，会议聚焦如何加快实现《巴黎协定》目标，各国在清洁能源发展、森林保护、资金支持等关键议题上展开深入讨论并达成多项共识，推动全球在应对气候变化行动上迈出重要一步。截至2024年，已有众多国家批准并积极落实《巴黎协定》，在能源转型、节能减排等方面开展大量工作。

1.1.2.2　主要国家或经济体的气候变化适应政策

为应对全球气候变化，实现温室气体排放控制目标，国际社会一直致力于采取积极举措。欧盟、加拿大、澳大利亚、日本等主要温室气体排放国家和经济体分别制定应对气候变化的政策法规，建立应对气候变化的碳排放交易体系，实施各类气候变化税收政策，不断发展完善气候变化适应合作机制，以实现经济、社会和环境的可持续发展。

（1）欧盟

欧盟是推动全球碳达峰碳中和的主力军，其主要政策是推动碳关税、碳汇交易等体制和机制。碳关税是一种碳边境调节措施，起源于"京都关税"，原是欧盟对没有参与《京都议定书》的国家所征收的税种，现指针对进口商品的碳排放量所征收的关税。作为碳关税的具体实施形式之一，"碳边境调节机制"（carbon border adjustment mechanism，CBAM）是欧盟应对全球气候变化的政策利器。欧盟委员会于2021年7月14日正式公布《欧盟关于建立碳边境调节机制的立法提案》，这一提案的出台为欧盟的工业出口、各发展中国家的产业链布局带来深远影响。

欧盟的碳关税机制是以完善的碳交易机制为基础，通过高效利用市场手段，对环境资源进行有效配置，促进节能减排技术的发展。欧盟碳交易机制主要分为三个阶段。第一个阶段是2005—2007年，为《京都议定书》的实施积累经验、奠定基础。这一阶段中涉及的温室气体减排行业仅限于高耗能行业，并设置了被纳入体系的企业门槛。第二个阶段是2008—2012年，欧盟将碳排放的限制范围逐步延伸到更多产业。第三个阶段是2013—2020年，分配机制大幅改革，减少了碳排放权的免费分配，提高了用于拍卖的碳排放权配额。

面对全球气候危机，2019年欧盟委员会主席冯德莱恩启动《绿色新政》战略方案，推出"绿色复苏"的战略计划。2019年12月，欧盟委员会在《绿色新政》中首次正式提出"碳边境调节机制"，并于2021年7月将相关提案正式公布。该提案指出，通过对欧盟与其他国家间的碳排放差异进行管制，对向欧盟出口某些商品的气候法规薄弱的国家征收二氧化碳排放税，防止由碳排放转移而导致全球碳排放目标无法实现，营造一个全球范围内的公平竞争环境，促进欧盟与其他国家的脱碳目标向《巴黎协定》看齐。

（2）加拿大

作为温室气体排放量最大的国家之一，加拿大为应对气候变化自1990年起出台了一系列战略或计划，重点是扩大技术投资以及更好地了解气候变化所带来的影响。加拿大于2002年设立气候变化影响和适应工作组。2011年，加拿大政府正式通过了《联邦适应政策框架》，以界定适应气候变化的目标、政府作用以及优先行动的过滤标准。除此之外，加拿大还制定了一个"区域适应合作计划"，以激励各区域政府在制定规划、实施决策以及采取行动等方面加强组织协作。

（3）澳大利亚

澳大利亚持续推动实施各项措施以减少温室气体排放。2007 年，澳大利亚通过制定《国家气候变化适应框架》，深化对气候变化的理解，提高气候变化适应能力，提升包括水资源、生物多样性、人体健康、基础设施等在内的关键领域的风险抵御能力。2010 年，澳大利亚发布《适应气候变化：政府立场书》，在政府责任、公众义务以及需要在国家一级采取优先行动的重点领域等方面进行明确界定。2011 年，为助力国家层面气候变化相关政策的实施，澳大利亚政府成立气候变化特别委员会，旨在提供一个平台，在执行政策方面加强与国家、区域以及地方政府之间的联系。

在区域层面，各州与各地区也积极制定了应对气候变化的法规、战略和计划等。例如，南澳大利亚州于 2007 年颁布《气候变化和温室减排法》，2012 年发布《气候变化适应框架》以及《实施气候变化适应框架的政府行动规划（2012—2017 年）》。这一系列政策构成澳大利亚应对温室气体减排的政策基础，成为各部门、各地区拟定各项温室气体减排政策措施的法定依据。

（4）日本

日本气候变化适应政策的核心重点呈现出三个不同的阶段特征。

第一个阶段为 2011 年以前，在这一阶段，气候灾害风险管理是日本适应气候变化政策的重点议题，以单一的防灾减灾为主，目标是减少城市气候灾害风险及损失，并被纳入灾害对策与防灾规划。1950 年，日本颁布《土地综合开发法》，将防灾减灾措施与降低灾害风险措施同时纳入土地综合开发计划。1961 年制定《灾害对策基本法》，明确规定了各行为体在防灾救灾和财政支持方面的义务，从而为城市防灾减灾搭建了法律框架。1963 年颁布《防灾基本规划》，明确了各类重大灾害的防范、应对和恢复措施，并逐步制定了完善的防灾减灾计划与风险管理制度。1998 年出台《受灾者生活再建支援法》，旨在帮助受灾者恢复生活与重建家园。

第二个阶段为 2012—2017 年，这一阶段的政策焦点已经从防灾转向提高城市的韧性与适应性。韧性城市是指当外界干扰来临时，该城市可以承受较大压力并迅速恢复，同时利用自适应方法更有效地防范未来灾害。伴随着越来越快的城市化进程，城市面临着日益增加的内外部冲击。在此背景下，2013 年日本出台《国土强韧化基本法》，规定地方政府应制定韧性提升计划，将灾害损失控制在最低限度。2014 年日本制定《国土强韧化基本规划》，提出应以脆弱性科学评估作为制定韧性提升对策的政策依据。2015 年，日本发布《气候变化影响评估报告（2015）》，评估气候变化对日本水资源、生态环境、产业经济、城市生活等领域所产生的影响。

第三个阶段为 2018 年至今，在这一阶段，日本的城市规划与发展决策中更多地融入了适应性概念，通过政策设计和资源配置更灵活地应对气候变化。2018 年，日本首次从法律视角出发，颁布《气候变化适应法》，将适应理念融入区域发展规划。同年，日本出台《气候变化适应计划》，针对地方适应规划、区域协作机制以及组织保障体系等内容作出明确规定。2020 年发布《气候变化影响评估报告（2020）》，分析未来气候变化对日本的影响，并探讨政府的相应对策，以展示城市层面的适应计划。

1.2 建筑碳中和与绿色能源

1.2.1 我国绿色节能建筑的发展现状

（1）绿色建筑与节能建筑

绿色建筑是一种在建筑设计、建筑施工、建筑运行等各个阶段严格遵循节能环保和可持续原则的建筑物，不仅能够为人们提供健康、舒适、节能、高效、环保的生活环境，还能与周围的自然环境相适应。具体来说，绿色建筑的优势主要体现在节能和回归自然两个方面。

① 从节能方面来看，绿色建筑遵循可持续发展的原则，通过充分利用地热能、太阳能等可再生资源和使用低能耗围护结构等方式来减少能源消耗，并通过优化建筑设计、优化建筑资源配置、提高建筑材料的保温隔热性能等方式提高建筑的节能效果。

② 从回归自然方面来看，绿色建筑在设计上遵循环境优先原则，外观能够与自然生态环境相协调，内部的建筑材料和装饰材料都具有健康、无害、环保等特点，能够在保护自然生态环境的同时充分保障内部环境的舒适性。

节能建筑则是一种可以通过优化建筑布局和使用节能的结构、材料、设备、新能源等方式来减少能源消耗的低能耗建筑。随着社会经济的发展，环境污染和能源紧缺等问题越来越严重，绿色节能逐渐成为建筑设计的趋势。我国建筑行业应将绿色节能理念与建筑设计相结合，打造绿色节能建筑，进而达到降低建筑能耗、减少建筑领域的碳排放量和保护环境的目的，推动建筑行业走向可持续发展。

（2）我国绿色节能建筑的发展现状

随着国民经济的发展和城市化进程的不断推进，我国建筑业快速发展，设备设施、能源结构、建设理念和发展方式等方面发生巨大变化，尤其是建筑设计方面。由于建筑业在发展初期缺乏环保和可持续的建设理念，因此，这个时期建设的建筑所使用的照明、采暖和供冷等设备大多存在能耗高、污染高、能源利用率低等不足之处。这种发展方式既破坏了生态环境，也造成了严重的能源浪费，不利于行业和社会的长期发展。我国绿色节能建筑的发展现状如图1.1所示。

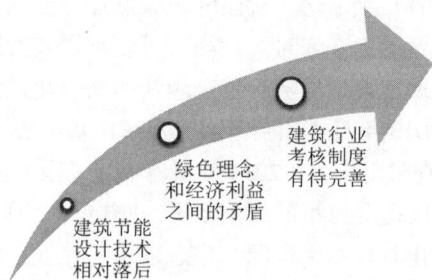

图 1.1　我国绿色节能建筑的发展现状

① 建筑节能设计技术相对落后。近年来，我国深入贯彻落实绿色节能建筑设计理念，将绿色节能建筑设计融入城市建设中。但我国绿色节能建筑设计的发展起步较晚，早期我国的经济水平和技术水平与发达国家相比有较大差距，且缺乏绿色节能建筑设计理念，忽视了保护环境和节约能源的重要性。因此，早期建设的建筑绿色节能设计技术相对落后，难以满足人们在节能环保方面的要求。

②绿色理念和经济利益之间的矛盾。与传统建筑相比，绿色节能建筑所需的技术、设备和建材均具有绿色、环保、节能的特点，同时价格也比较高，因此绿色节能建筑设计往往需要投入大量资金。

③建筑行业考核制度有待完善。近年来，我国绿色建筑领域已取得显著进展，相关标准体系与评价方法已逐步建立。但对照高质量发展要求，现行制度仍存在优化空间：部分技术指标与地域气候特征、建筑功能类型的适配性有待加强，全过程监管机制尚需完善，市场主体对创新技术的转化应用能力亦存在差异。这些因素导致部分项目在方案设计阶段对绿色技术堆砌过度、设备选型与实际需求脱节，加之运维阶段缺乏智能化管理手段，造成初期投资偏高与长期节能收益不匹配，制约了绿色建筑综合效能的充分释放。

随着我国经济水平和科技水平的快速提高，绿色节能建筑的设计理念逐渐融入我国的建筑体系，推动我国绿色节能建筑设计快速发展，促进建筑业向绿色、环保、节能方向转型。我国建筑业应该不断提高绿色节能建筑的发展质量和节能水平，为人们提供更加健康、舒适、节能、环保、低碳的生活空间。未来，我国建筑业也将不断推进绿色节能建筑设计理念的应用和实践，进一步提高建筑在节能减排方面的水平。

建筑业在我国的国民经济和社会发展中占据着十分重要的位置。近年来，行业科技创新节奏越来越快，我国建筑业亟需充分利用人工智能等先进技术来提高自身的工业化和信息化水平，并不断加强对各种关键技术以及核心技术的研发和应用，积极推动传统建筑向智能建筑转型，革新工程建设模式，解决传统建筑业存在的高污染、高能耗、低效率以及建设环节碎片化、分散化等问题。

1.2.2　绿色节能建筑设计的技术路径

近年来，建筑业将可持续发展理念与建筑设计相融合，建设绿色化、节能化的建筑物。这种建筑物不仅能够为人们提供舒适的生活环境，还可以保护环境、节约能源，进而推动整个建筑行业实现绿色可持续发展，尽早实现"双碳"目标。

1.2.2.1　绿色节能建筑设计的特点

绿色节能建筑设计主要具备以下特点，如图 1.2 所示。

图 1.2　绿色节能建筑设计的特点

（1）与环境相协调

绿色节能建筑设计应该在充分保证建筑物的功能性、实用性、美观性、高效性、环保性等性能的同时，实现建筑全寿命周期与自然、人文、环境的协调。

（2）提高资源利用率

绿色节能建筑设计应该最大限度地降低建筑物对环境的影响，发现并充分发挥建筑物所处环境的优势，提高自然资源的利用率，减少资源浪费。

（3）以人的需求为中心

绿色节能建筑设计不仅要满足建筑物在绿色、环保、节能等方面的要求，还要以人的需求为中心，充分满足人们对健康和舒适的追求，提高建筑设计的科学性、合理性，从而为人们提供一个健康、舒适的生活环境。

（4）节约能源

在建筑建造方面，建筑设计师要选择具有绿色、低碳、节能等特点的建造方式、建筑材料和设备，以达到提高建设效率、缩短建设周期、减少能源消耗和保护环境等的目的。同时要提高建筑物对太阳能、地热能等自然资源的利用率，从而进一步节约能源，降低建筑碳排放。

1.2.2.2　绿色节能建筑的技术措施

绿色节能建筑在设计时可以借助以下技术措施。

（1）被动式建筑节能技术

被动式建筑节能技术是一种通过全面分析建筑的朝向、布局、墙体、通风、采光、遮阳、保温隔热等因素来提高建筑设计的合理性，进而提高建筑物节能水平的技术。被动式建筑节能设计能够将建筑物周边环境中的光照、空气、植物等自然资源作为建筑设计的参考因素，通过合理的设计和规划减少建筑物在运行过程中的能源消耗。

（2）主动式建筑节能技术

主动式建筑节能技术在建筑领域的应用能够大幅提高建筑设备系统能效和可再生能源的使用比例，同时也可以促进各项先进的节能技术在建筑中的落地应用，从而优化节能环保效果。主动式建筑节能技术能够为建筑节能提供技术层面的支撑。一般来说，主动式建筑节能技术大致可分为可再生能源、测量和控制系统、能源和设备系统、室内环境调节系统。

随着居民生活水平的不断提高，人们对居住环境的要求也越来越高。因此，现代化的建筑设计应该充分满足人们对建筑采光、保暖、隔热、通风和舒适性等方面的要求，提高建筑物在绿色、环保、节能方面的性能。在未来，被动式节能与主动式节能相融合的绿色节能建筑将会成为建筑业发展的主要方向，主要原因是：被动式建筑节能技术的应用能够在综合考虑建筑物的朝向、通风、采光等多项自然因素的基础上采用更加环保节能的建筑材料、建筑设备，并使用可再生的低碳能源；而主动式节能技术能够充分利用多种绿色环保低碳技术解决建筑物在资源利用和节能环保方面的问题，在建筑建造和建筑运行阶段发挥重要作用。

1.2.3　可再生能源在建筑领域的应用

可再生能源指的是自然界中可以不断再生、永续利用的能源，具有取之不尽、用之不竭的特点。在"双碳"背景下，建筑行业对可再生能源进行开发利用具有重要意义。

1.2.3.1　可再生能源在建筑领域应用的优势

可再生能源在建筑领域的应用不仅可以节能减排，提高建筑的环保性能，而且可以产生较高的经济效益，其优势如图 1.3 所示。

图 1.3　可再生能源在建筑领域应用的优势

（1）实现节能减排

建筑领域利用可再生能源的主要方式是将其转化为电能、热能，代替传统高碳排放的化石能源，例如使用光伏电、风电、水电取代煤电等，满足各能耗系统对电能、热能的需求，从而实现节能减排。但因为目前仅凭可再生能源还无法完全满足建筑的能耗需求，所以要以合理的方式将可再生能源与传统能源相结合，借助先进技术最大限度地提高能源的利用率。

（2）提高建筑的环保性能

可再生能源在建筑领域的应用可以推动建筑行业实现低

碳转型，助力绿色建筑发展。这一方面可以提高各类能源的利用率，减少废水、固体废物以及有害气体的排放，满足人们对绿色、环保、健康、安全、舒适的居住环境、办公环境、生活环境的要求；另一方面也契合"绿水青山就是金山银山"的发展理念，符合碳减排政策的要求，可以实现长远发展。

（3）产生较高的经济效益

可再生能源的获取渠道比较多，开发使用成本比较低，建筑企业不需要为此投入太多人力、物力，只需要购买一些设备即可。未来，随着技术不断发展，可再生能源的获取渠道将不断拓展，成本将进一步下降，进而为建筑企业带来较高的经济效益。

1.2.3.2　可再生能源在建筑领域的应用

目前，建筑行业正在不断加强对风能、水能、太阳能、地热能、生物质能等可再生能源的利用，持续推动可再生能源在建筑领域的应用。

例如，光伏建筑一体化（building integrated photovoltaic，BIPV）能够在建筑和建材中集成光伏发电设备，并构建太阳能发电系统，进而实现对太阳能的高效利用。

具体来说，光伏建筑一体化需要在建筑设计时将光伏方阵与建筑相融合，构建太阳能发电系统，并在建造过程中将太阳能光伏发电方阵作为建筑物的组成部分装配到屋顶或墙面等区域。光伏建筑一体化能够将太阳能转化为电能，并利用"光储直柔"技术实现直流配电、柔性交互、分布式储能和太阳能光伏应用等功能，进一步提高新能源的使用比例和建筑终端的电气化水平，从而减少为建筑物供电和配电过程中产生的二氧化碳，有效解决建筑物运行阶段存在的能耗高、排放高等问题。

太阳能光伏发电具有清洁、安全、便利、高效等优势，可应用于各类建筑，推动高能耗建筑实现节能降耗。2021 年 6 月 20 日，正式下发的《国家能源局综合司关于报送整县（市、区）屋顶分布式光伏开发试点方案的通知》，要求各地区根据政策要求在党政机关、学校、医院、村委会、工商业厂房、农村居民房屋等建筑的屋顶上安装光伏发电设备，加快推进太阳能光伏发电系统在建筑领域的应用。

不仅如此，在建筑中融合分布式光伏并网发电技术还能够提高电力利用率，减少建筑物在用电方面的成本支出，并在建筑电力"自产自用"的基础上增加一定的收益，从而加快推进建筑碳减排，实现建筑零碳化发展。

除太阳能外，地热能也是一种可再生的清洁能源。在地热能的利用方面，我国建筑业可以利用地源热泵将低品位热能提升为高品位热能，实现地热能的高效利用，从而减少对高品位能源的消耗。地源热泵系统能够同时满足供热、供冷和供生活热水等需求，且具有能效高的特点，其在建筑领域的应用能够在大幅降低建筑能耗的同时为人们提供舒适的生活环境。因此，我国建筑业应加速推进高效地源热泵技术的应用。

与此同时，我国建筑业还应制订明确的可再生能源建筑应用规划，积极推进可再生能源建筑应用实践，并及时评估应用效果，总结建设经验，探索改进方法。不仅如此，我国也要进一步完善可再生能源建筑应用技术标准体系，对可再生能源建筑的设计、施工、运行和维护等方面进行规范和指导。

1.2.4　推动我国零能耗建筑的发展

零能耗建筑指的是借助各种方式减少建筑物的一次能源（一次能源：煤炭、石油、天然气等自然界中以原有形式存在的、未经加工转换的能量资源，又称天然能源）消耗量，使建筑物使用的一次能源净消耗量达到零或是近乎为零。可以使用的方式包括提高建筑物及内部设备的节能性能，充分利用建筑物自身生产的可再生能源，实现能量的局域化利用等。按照建筑节能设计标准，建筑物能耗主要来源于照明、通风、供冷、供暖、供应热水等。在实际生活中，建筑物内的插座、电动汽车充电桩等也会产生能耗。

具体来看，零能耗建筑主要有以下几大特点：零能耗建筑既可以与外部的电网、热网相连，也可以不接入外部的电网、热网，实现独立供电、供热；零能耗建筑在计算能耗时不仅要考虑供暖、供冷、照明、家电、电力电子设备等能耗，还要考虑随着电动汽车的推广，蓄电池、家庭充电桩等设备可能产生的能耗；在计算能耗时，要利用国家认可的转换系数将各种能源转换为一次能源进行平衡计算，平衡计算的周期为 1 年。

2022 年 9 月底，上海首个零能耗模块化建筑——招商蛇口璀璨城市展示中心建成交付。该项目由中建科技集团有限公司负责设计与施工，经上海市住房和城乡建设管理委员会评审，获得中国建筑节能协会颁发的"零能耗建筑"证书。该建筑与传统建筑相比最大的不同在于采用了新型钢结构集成模块混合结构体系，将现场的施工人员减少了 70%，工期缩短了 50%，产生的建筑垃圾减少了 80%。

除了在施工环节实现了节能减排之外，建筑本身也可以减少能源消耗。建筑外窗使用三玻两腔断桥铝门窗，夏天可以隔绝室外的热空气，冬天可以隔绝室外的冷空气，从而减少夏天制冷、冬天取暖的能耗；使用光伏直驱多联机空调系统，可以将光伏产生的直流电直接接入空调外机，用清洁的光伏电代替传统的煤电，从而减少建筑电力系统的碳排放。

低能耗建筑向超低能耗建筑、近零能耗建筑发展逐渐成为世界各国建筑行业发展的重要方向，我国也积极出台各项政策措施支持绿色近零能耗建筑发展。2015 年 11 月，住房和城乡建设部印发《被动式超低能耗绿色建筑技术导则（试行）（居住建筑）》，深入贯彻落实推进生态文明和新型城镇化建设战略。2019 年 1 月，住房和城乡建设部发布《近零能耗建筑技术标准》（GB/T 51350—2019），对近零能耗建筑进行全面、明确的规范，这是我国第一部近零能耗建筑的推荐性国家标准，为我国近零能耗建筑体系的完善和整个建筑领域的发展提供了政策支持。

2020 年 9 月，中国建筑科学研究院发布《近零能耗建筑规模化推广政策、市场与产业研究》，该研究阐释了我国各地方政府针对超低能耗建筑发展推出的相关政策、国内外超低能耗建筑的发展情况、近零能耗建筑的发展情况，并指出了我国近零能耗建筑产业的发展现状。

就目前来看，我国近零能耗建筑产业具有规模小、产品自主研发水平较低、产品对进口的依赖性较强等特点，因此，我国应通过发布相关激励政策来支持近零能耗建筑产业快速发展，推动产业升级和技术创新，并引导部分先进企业加强自主品牌建设，积极构建产业生态，从而充分发挥先进企业在产业链中的领航作用，带动产业链上下游齐发展，成为驱动经济增长的新动能。

绿色建筑、生态建筑、可持续建筑及低碳建筑均具备节能减排的功效，共同构成了我国建筑业低碳发展的核心要素。此外，零能耗建筑同样起着至关重要的作用。根据住房和城乡建设部发布的《近零能耗建筑技术标准》（GB/T 51350—2019），零能耗建筑是一种能够利用技术手段生产和利用可再生能源，且全年的能源消耗量小于等于零能耗建筑本身生产的能源量的建筑物。在我国，零能耗建筑还处于发展初期，因此，我国需要加快零能耗建筑的发展速度，通过零能耗建筑建设实现建筑脱碳，进而加快建筑领域实现碳中和的速度。

此外，2020 年 7 月发布的《住房和城乡建设部 国家发展改革委 教育部工业和信息化部

人民银行 国管局 银保监会 关于印发绿色建筑创建行动方案的通知》，要求各地区政府部门根据政策要求和当地实际情况推进绿色建筑建设。目前，我国已有多个省份制定并发布了绿色建筑相关政策文件，大力推动建筑领域向绿色化、低碳化发展，并不断扩大当地的绿色建筑市场规模。在未来，我国应持续优化相关政策体系和管理制度，充分发挥政策的指引作用，助力建筑领域更快实现零碳排放。

在线习题

本章习题请扫二维码练习。

第 2 章
碳中和发展现状及实现路径

2.1　碳中和的本质与绿色思维

2.1.1　碳达峰与碳中和的科学内涵

（1）碳达峰碳中和的概念

碳达峰是指二氧化碳排放量达到历史最高值，然后经历平台期进入持续下降的过程，是二氧化碳排放量由增转降的历史拐点，标志着碳排放与经济发展实现脱钩，达峰目标包括达峰年份和峰值。

碳中和是指某个地区在一定时间内（一般指一年）人为活动直接或间接排放的二氧化碳，通过植树造林、节能减排等方式被吸收和抵消，实现二氧化碳"净零排放"。碳达峰与碳中和紧密相连，前者是后者的基础和前提，达峰时间的早晚和峰值的高低直接影响碳中和实现的时长和难度。

（2）碳达峰碳中和是一场极其广泛、深刻的绿色工业革命

可以说，碳达峰及经济发展与碳排放实现彻底脱钩，是第四次工业革命最显著的基本特征之一，即不同于前三次工业革命经济增长伴随碳排放增长的基本特征，实质上是从黑色工业革命转向绿色工业革命，从不可持续的黑色发展转向可持续的绿色发展。

（3）碳达峰碳中和是人类战胜气候挑战的必由之路

全球气候变化深刻影响人类赖以生存和发展的基础，是人类面临的共同挑战。气候变化是人类发展进程中逐步凸显出来的问题，是自然因素和人类活动双重作用的结果。它既是环境问题，更是发展问题，也与不同民族、不同国家的资源禀赋、人口规模、生产生活方式及其国际产业分工密切相关。

2.1.2　世界各国的碳达峰碳中和承诺

从碳中和目标和战略文件来看，各国尚未就碳中和目标表述达成共识，已有表述主要包括"气候中性""碳中和""净零排放""净零碳排放"。目前，除个别国家使用"气候中和"，以及少数国家明确使用"非二氧化碳温室气体中和"外，多数国家以"碳中和"为目标。其中，"碳中和"是指在规定时期内人为二氧化碳清除量在全球范围内抵消人为二氧化碳排放量时，可实现二氧化碳净零排放，也称为"二氧化碳净零排放"。将全球温升稳定在一个给定的水平意味着全球"净"温室气体排放需要大致下降到零，即在进入大气的温室气体排放和吸收的碳汇之间达到平衡。这一平衡通常被称为中和（neutrality）或净零排放（net zero emissions）。由于目前人为温室气体排放的绝大部分是二氧化碳，因此在各国提出的碳中和或净零排放目标中也常用碳代指温室气体。各国提出的与中和相关的目标表述主要包括 4 种：气候中性、碳中和、净零碳排放和净零排放。

2.1.2.1　中国的碳达峰碳中和承诺

2015 年 11 月，习近平主席在联合国气候变化大会上声明，面向未来，中国将把生态文明建设作为"十三五"规划的重要内容，落实创新、协调、绿色、开放、共享的发展理念，通过科技创新和体制机制创新，实施优化产业结构、构建低碳能源体系、发展绿色建筑和低碳交通、建立全国碳排放交易市场等一系列政策措施，形成人和自然和谐发展现代化建设新格局。中国在"国家自主贡献"中提出将于 2030 年左右使二氧化碳排放达到峰值并争取尽早实现，2030 年单位国内生产总值二氧化碳排放比 2005 年下降 60%～65%，非化石能源占一次能源消费比重达到 20% 左右，森林蓄积量比 2005 年增加 45 亿 m³ 左右。

2020 年 9 月 22 日，习近平主席在第七十五届联合国大会一般性辩论上发表重要讲话，提到：中国将提高国家自主贡献力度，采取更加有力的政策和措施，二氧化碳排放力争于 2030 年前达到峰值，努力争取 2060 年前实现碳中和。

在 2020 年 12 月的气候雄心峰会上，习近平主席进一步明确我国国家自主贡献目标：到 2030 年，中国单位国内生产总值二氧化碳排放将比 2005 年下降 65% 以上，非化石能源占一次能源消费比重将达到 25% 左右，森林蓄积量将比 2005 年增加 60 亿 m³，风电、太阳能发电总装机容量将达到 12 亿 kW 以上。

我国积极推进战略提升与政策强化，制定出台了《碳排放权交易管理办法（试行）》及《2019—2020 年全国碳排放权交易配额总量设定与分配实施方案（发电行业）》，并于 2021 年 1 月 1 日正式启动全国碳市场发电行业第一个履约周期。2020 年 9 月生态环境部宣布："目前，中国试点碳市场已成长为配额成交量规模全球第二大的碳市场，七个试点碳市场从 2013 年陆续启动运行以来，逐步发展壮大。初步统计，目前共有 2837 家重点排放单位、1082 家非履约机构和 11169 个自然人参与试点碳市场，截至 2020 年 8 月末，7 个试点碳市场配额累计成交量为 4.06 亿吨，累计成交额约为 92.8 亿元"。

我国的"双碳"目标远远超出了《巴黎协定》"2℃温控目标"下全球 2065—2070 年实现碳中和的要求，这将可能使全球实现碳中和的时间提前 5～10 年，有效推动了全球气候治理，向国际和国内社会释放了清晰明确的政策信号，与欧盟提出的碳中和目标遥相呼应，彰显了大国的责任和担当。

2.1.2.2　国际的碳达峰碳中和承诺

截至 2020 年 10 月，碳中和承诺国达到 127 个，这些国家的温室气体排放总量已占到全球排放量的 50%，经济总量在全球的占比超过 40%，并且全球十大煤电国家中的 5 个已作出相应承诺，这些国家的煤电发电量在全球的占比超过 60%。其中 57 个国家和地区目前仅以口头承诺等方式提出碳中和目标，未给出目标的详细信息。正式提出碳中和承诺的 29 个国家和地区分别采用了一种或多种碳中和目标表述，但大多数并未严格遵循 IPCC 的定义，而是对同一类目标进行了不同的解读，造成了各自碳中和目标概念混淆、气体覆盖范围不明晰的情况。在 29 个国家和地区中，有 8 个国家和地区选择以碳中和或净零碳排放为目标。部分国家宣布实现碳达峰的年份如图 2.1 所示。

按照 IPCC 的定义，这些国家和地区需在目标年份实现二氧化碳的净零排放。大多数国家和地区将气候中和目标等同于温室气体净零排放。虽然 IPCC 从影响和排放两方面对气候中和及净零排放进行了明确区分，但从各个官方文件的表述来看，几乎都将两者等同。例如，欧盟同时将气候中和及净零排放作为其长期目标，将两类概念等同，而亚非拉地区的目标目前仍主要在政策宣示阶段。

2014 年 11 月，中美两国曾在北京共同发表了《中美气候变化联合声明》。当时美国提出的目标是到 2025 年实现在 2005 年基础上减排 26%～28%的全经济范围减排目标并将努力减排 28%。

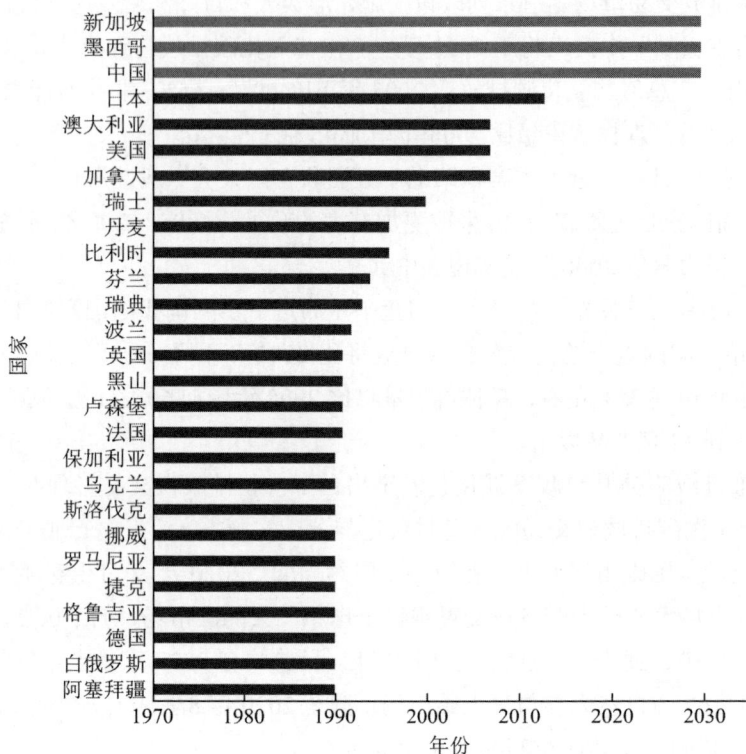

图 2.1　部分国家实现碳达峰的年份

对于欧洲发达国家和美国部分地区，它们一般法律的约束力较强，气候法规相对完善，已经制定了相对明确的实施路线。冰岛于 2018 年宣布了气候行动计划，致力于发展无碳运输系统。葡萄牙于 2018 年制定了包含能源、运输、废物、农业和林业等部门在内的碳中和路线图。德国的《气候保护法》于 2019 年生效，制定了未来十年特定行业的年度排放预算及运输、建筑、电力等系列配套政策计划。西班牙成立了气候委员会以监督实施进度，并禁止发放新的化石能源勘探许可证。瑞典在立法中明确在 2045 年实现净零温室气体排放目标。法国、西班牙新成立了气候委员会，以督促碳中和目标的实现。德国也在 2019 年气候法中提出到 2050 年实现温室气体中和。奥地利、瑞士以政府承诺、联邦委员会宣布等方式作出承诺，爱尔兰以执政党联盟协议的方式同意设定 2050 年实现碳中和目标。日本和韩国承诺于 2050 年实现碳中和。

提交协定主要包括向《联合国气候变化框架公约》（UNFCCC）秘书处提交《巴黎协定》下的自主减排承诺及中长期低排放发展战略。涉及的 10 个国家和地区分布在各大洲，不仅包括应对气候变化较为积极的欧盟成员国等，也包括乌拉圭等其他发展中国家和地区。马绍尔群岛、哥斯达黎加、斐济等在 2018—2019 年提出了净零排放目标。其中，哥斯达黎加于 2019 年 12 月向 UNFCCC 秘书处提交了更新版的国家自主贡献（NDC），明确提出到 2050 年实现净零碳排放的目标。斐济作为 2017 年联合国气候变化大会的主席国，向 UNFCCC 秘书处提交了净零碳排放目标，并强调要在 2050 年实现全经济部门的碳中和。南美洲的乌拉圭试图在 2030 年达到净碳汇，是唯一一个提出"净负排放"目标的国家。不丹则已经实现了碳中和目标，在未来经济社会发展过程中将继续保持。

也有一些国家的行动战略尚不支持碳中和目标的实现，或尚未制定成体系的碳中和战略。例如，法国气候高级委员会于 2019 年提出法国的减排速度落后于预期，偏离了碳中和目标；匈牙利的 2030 年强化减排目标并没有支持其 2050 年气候中和目标；南非于 2020 年 9 月公布了其低排放发展战略，但目前该国 90%以上的电力来自燃煤发电，并且没有停止新建燃煤电厂。此外，也有国家的目标实施受到了利益相关方的反对。例如，新西兰农业温室气体排放较高，肉类行业对碳中和目标存有争议。加拿大总理于 2019 年承诺净零排放目标，希望通过有法律约束力的碳预算，但尚未写入提交给联合国的中长期低排放发展战略中。

2.2　碳中和的发展现状

2.2.1　全球碳中和进展

2019 年，全球平均温度较工业化前水平高出约 1.1℃。为共同应对全球气候变暖，各国纷纷签署《巴黎协定》，其主要目标是将全球平均气温较前工业化时代上升幅度控制在 2℃以内，并努力控制在 1.5℃以内。各国相继提出温室气体减排、碳中和目标，其中欧盟、美国、日本等多数发达国家和地区提出在 2050 年实现碳中和，中国计划在 2060 年实现碳中和。

据前瞻产业研究院整理统计，截至 2020 年底，全球共有 44 个国家和经济体正式宣布了碳中和目标，包括已经实现目标、已写入政策文件、提出或完成立法程序的国家和地区。其中，英国 2019 年 6 月 27 日新修订的《气候变化法案》生效，成为第一个通过立法形式明确 2050 年实现温室气体净零排放的发达国家。全球已规划碳中和目标的部分国家和地区的实现时间见表 2.1。

表 2.1　全球已规划碳中和目标的部分国家和地区

承诺类型	国家和地区
已实现	不丹、苏里南
立法	瑞典（2045）、英国（2050）、法国（2050）、丹麦（2050）、新西兰（2050）、匈牙利（2050）、韩国（2050）、欧盟（2050）、西班牙（2050）、智利（2050）、斐济（2050）、加拿大（2050）
政策宣示	乌拉圭（2030）、芬兰（2035）、奥地利（2040）、冰岛（2040）、美国加州（2045）、德国（2050）、瑞士（2050）、挪威（2050）、爱尔兰（2050）、葡萄牙（2050）、哥斯达黎加（2050）、马绍尔群岛（2050）、斯洛文尼亚（2050）、南非（2050）、日本（2050）、中国（2060）、新加坡（21 世纪下半叶尽早）

从宣布时间看，部分欧洲国家（如德国）在 20 世纪就实现了碳达峰，其从碳达峰到碳中和间隔 50 年；美国间隔 43 年；我国从碳达峰到碳中和的时间仅有 30 年。

（1）欧盟

欧盟积极做出减排承诺，减排效果显著。欧盟于 1990 年实现碳达峰，计划在 2050 年前实现"气候中立"(温室气体净排放量为零),并积极采取多种方式,包括在各领域推行相应措施(发展清洁能源、电动车,减少工业排放等),立法确定"气候中立"目标,通过碳排放交易系统有效减少排放量等。2007年7月,欧盟发布了"气候与能源"一揽子计划草案,首次完整地提出了欧盟2020年的低碳发展目标和相关政策措施。2008年1月正式提出了"气候与能源"一揽子方案的立法建议,同年年底在欧盟首脑会议上获得批准,成为正式法律。该计划设定了2020年欧盟整体比1990年减排温室气体20%、节能20%、可再生能源消费比例提高到20%的目标,并通过按国别的目标责任分解、建立欧盟碳市场、提高机动车排放标准等一系列配套措施来落实这一整体行动方案。2020年11月,欧盟27国领导人就更高的减排目标达成一致,决定到2030年时欧盟温室气体排放要比1990年减少至少55%。欧盟各国在7个领域开展联合行动,包括提高能源效率,发展可再生能源,发展清洁、安全、互联的交通,发展竞争性产业和循环经济,推动基础设施建设和互联互通,发展生物经济和天然碳汇,发展碳捕集和储存技术以解决剩余排放问题,以达到2050年实现碳中和目标。

(2)日本

日本于2013年实现碳达峰,为实现2050年碳中和目标,提出绿色投资协同技术创新推动零碳转型。日本在海上风能、氢能源、电动汽车等14个重点领域,提出财政预算、税收、金融、法规和标准化、国际合作等5个方面的政策措施,通过技术创新和绿色投资的方式确保社会平稳实现脱碳转型。2020年12月,日本政府推出《绿色增长战略》,该战略被视为日本2050年实现碳中和目标的进度表,提出构建"零碳社会"。一是将在15年内逐步停售燃油车,日本政府计划到2030年将电池成本"砍半"至1万日元/千瓦时,同时降低充电等相关费用,使电动汽车用户的花费降至与燃油车用户相当的水平;二是到2050年可再生能源发电量占比过半,其中海上风电也将是日本未来电力领域的发力重点,目标是到2030年将海上风电装机容量增至10GW、2040年达到30~45GW,并在2030—2035年间将海上风电成本削减至8~9日元/(kW·h);三是引入碳价机制助力减排。

(3)中国

我国提出"2030年前碳达峰、2060年前碳中和"目标,并计划到2030年,单位国内生产总值(GDP)二氧化碳排放比2005年下降65%以上,非化石能源消费占比达25%。为此,我国推行"四个革命、一个合作"的能源安全新战略(消费革命、供给革命、技术革命、体制革命、国际合作),优先发展非化石能源、清洁利用化石能源,推进用能权和碳排放权交易试点。

2.2.2 中国碳中和发展现状

(1)中国碳排放总量大

改革开放以来,在快速的城市化和工业化进程之中,中国的能源消费量与碳排放量快速增长。中国在2010年国内生产总值(GDP)超过日本,成为世界第二大经济体。2000年中国二氧化碳排放量为 $34 \times 10^8 t$,占全球的14%;2019 年中国二氧化碳排放量达到 $95 \times 10^8 t$,占全球的29%(图2.2)。根据中国碳核算数据库(China Emission Accounts and Datasets,CEADs)的估计,以及中国国家统计局2019年和2020年的碳排放强度推测,2000—2020年,中国的二氧化碳排放量从 $30 \times 10^8 t$ 增加到了 $99.4 \times 10^8 t$,增加了 2.3 倍(图 2.3)。

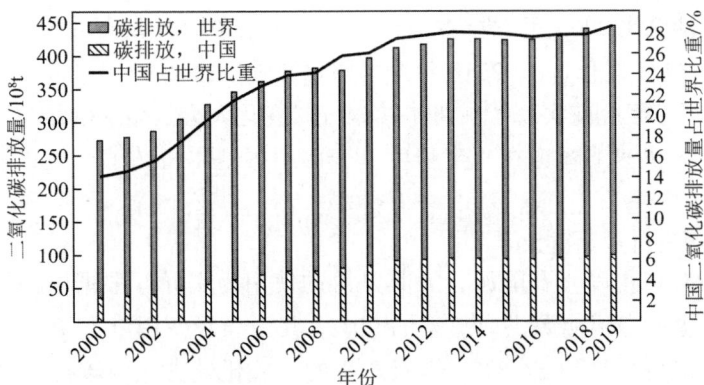

图 2.2　2000—2019 年世界二氧化碳排放量和中国排放量占世界的比重

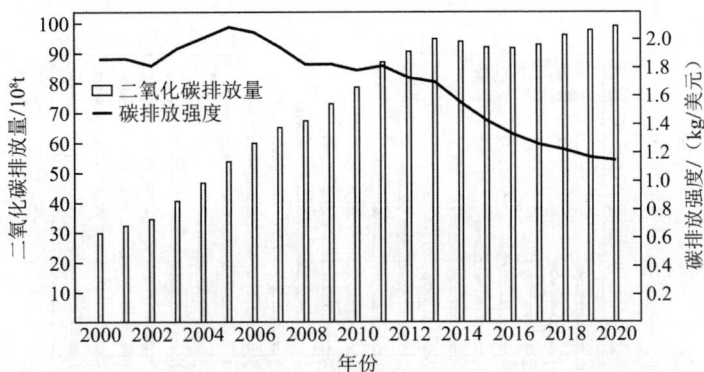

图 2.3　2000—2020 年中国二氧化碳排放量和碳排放强度

（2）中国碳排放量历史增长迅速，近期增速减缓

在 1970 年前，中国的总二氧化碳排放量少于 $9 \times 10^8 t$，人均二氧化碳排放量只有世界人均水平的 1/4。1970 年以后，中国的二氧化碳排放量随着经济的蓬勃增长而增长。中国二氧化碳排放量在 2000—2013 年间增长较快（图 2.3）。得益于中国在能源结构方面的调整，如在全国范围内淘汰低效率的煤电厂，使得煤炭消费总量出现了下降等，2014—2016 年间的二氧化碳排放量出现短暂下降（图 2.4）。

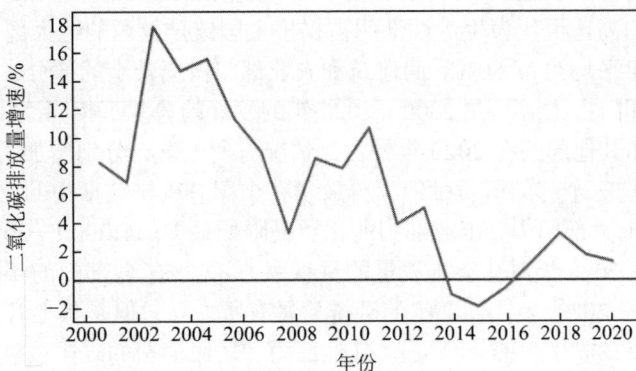

图 2.4　2000—2020 年中国二氧化碳排放量的逐年增速

在 2009 年哥本哈根气候变化大会上，中国曾向世界做出承诺：到 2020 年单位国内生

产总值二氧化碳排放比 2005 年下降 40%~45%。根据 2019 年发布的《中国应对气候变化的政策与行动 2019 年度报告》，2018 年全国碳排放强度比 2005 年下降 45.8%，保持了持续下降，表明中国已经提前实现了在哥本哈根气候变化大会上做出的承诺。中国单位 GDP 二氧化碳排放量的快速下降也在一定程度上表明中国基本扭转了二氧化碳排放量快速增长的局面。

（3）化石能源占排放比重大

中国能源消费结构以化石能源，尤其是煤的使用为主导。根据中国国家统计局的统计数据，化石能源占中国能源供应总量的 90%，其中煤炭使用量占 70%；2020 年中国煤炭消费量占能源消费总量的 56.8%。煤炭产生的二氧化碳占人为碳排放量的 70% 以上。煤炭和石油在总碳排放量中所占的比重呈现下降趋势，而天然气则呈现上升趋势（图 2.5）。

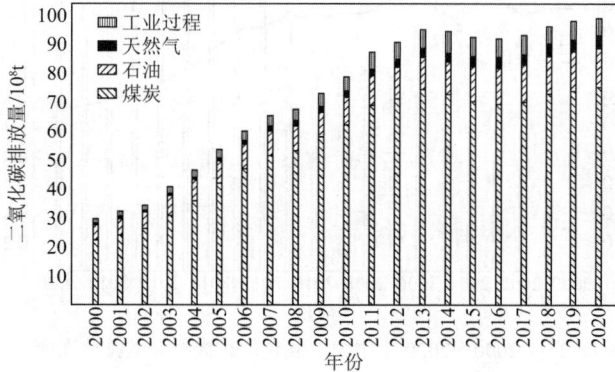

图 2.5　2000—2020 年中国人为二氧化碳排放量的主要来源

（4）七大部门碳排放量增速和占比有所差异

根据《中国能源统计年鉴》的能源平衡表的部门分类，全社会共 47 个经济部门、城镇和农村居民消费，可以被合并分类成七大部门，分别是农业、工业、电力、建筑、交通、居民消费（城镇和农村消费，包括取暖、做饭、照明等满足居民日常生活的活动所消耗的能源）和其他部门（包括批发、零售贸易和餐饮服务等）。2000—2020 年，全国各部门碳排放总量总体呈上升趋势，电力和工业这两个部门占全国碳排放量的 80% 以上（图 2.6）。电力和工业部门在碳排放总量中的高比重代表生产性部门占据了全国碳排放源的绝大部分，其中电力部门占据最大部分，每年平均约为 50%。而建筑和农业部门占据较小的部分，分别为 0.5%~1% 和 1%~3%。各个部门占比情况在 2000—2020 年的发展趋势并不相同。相比于 2000 年，只有电力部门、交通和其他部门在 2020 年的占比情况有所上升，分别增加了 5.7、2.1 和 0.1 个百分点。在 2020 年，这三个部门所贡献的碳排放量在全国总碳排放量中的比重分别为 52.25%、6.8% 和 2.8%。而在七大部门中，工业部门的比重是降低最多的，2000—2020 年减少了 3.7 个百分点。工业部门在 2020 年对总碳排放量的贡献率为 32.2%。各部门的年际变化同样呈现出差异性。虽然 2000—2020 年，各部门的碳排放量有所上升，但是其上升速率各不相同。在 2020 年，工业、农业、电力、建筑、交通、其他部门和居民消费的碳排放量，相比于 2000 年，分别增加了 68.8%、238.1%、323.7%、192.2%、444.3%、288.0% 和 131.4%。七大部门在 2000—2020 年的累计碳排放量分别为 $23.4 \times 10^8 t$、$568.1 \times 10^8 t$、$784.4 \times 10^8 t$、$10.5 \times 10^8 t$、$103.3 \times 10^8 t$、$45.9 \times 10^8 t$ 和 $70.2 \times 10^8 t$。因此 2000—2020 年，交通和电力部门的碳排放量增量最大，年均增长率分别为 8.8% 和 7.5%；而农业部门碳排放量增量最小，年均增长率仅为 2.7%。

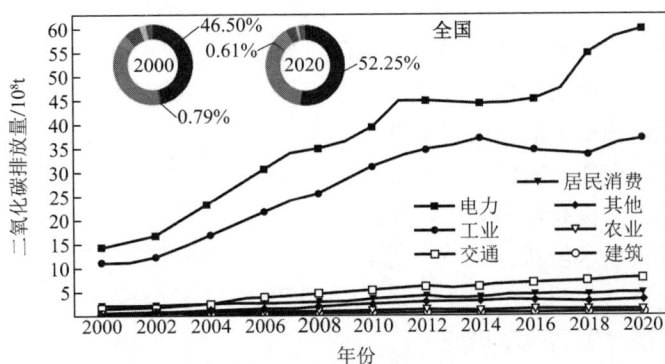

图 2.6　2000—2020 年中国七大部门的总碳排放量以及 2000 年和 2020 年各部门对中国碳排放量的贡献率

2.3　碳中和的实现路径和发展方向

2.3.1　中国的"双碳"目标策略

（1）国家发展战略：逐步进入碳排放总量和强度双控

《中华人民共和国国民经济和社会发展第十四个五年规划和 2035 年远景目标纲要》提出，加快发展方式绿色转型。坚持生态优先、绿色发展，推进资源总量管理、科学配置、全面节约、循环利用，协同推进经济高质量发展和生态环境高水平保护。强化绿色发展的法律和政策保障，大力发展绿色金融，支持绿色技术创新，推进清洁生产，发展环保产业，推进重点行业和重要领域绿色化改造，推动能源清洁低碳安全高效利用，发展绿色建筑，降低碳排放强度，支持有条件的地方率先达到碳排放峰值。落实 2030 年应对气候变化国家自主贡献目标，制定 2030 年前碳排放达峰行动方案。

（2）政策规划：驱动经济社会系统性变革

2021 年 9 月，《中共中央　国务院关于完整准确全面贯彻新发展理念做好碳达峰碳中和工作的意见》正式发布，对碳达峰碳中和工作做出顶层设计和系统谋划。国务院印发《2030 年前碳达峰行动方案》，对碳达峰行动作出具体部署，加紧制定碳达峰行动方案和相关政策，碳达峰碳中和被提到了前所未有的高度，各项工作全面铺开，如图 2.7 所示。

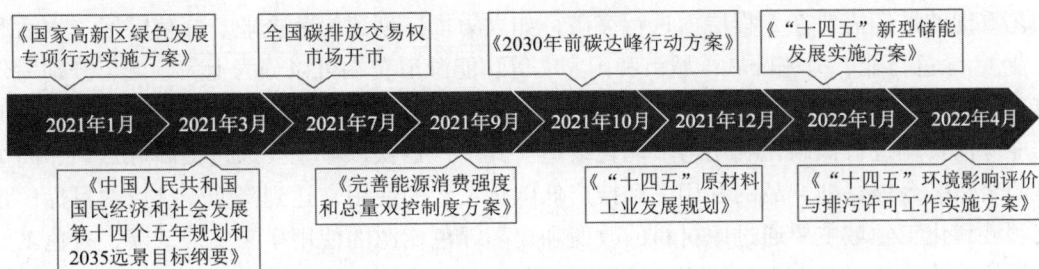

图 2.7　近年来中国针对"双碳"工作的开展现状

（3）顶层设计："1＋N"政策体系

为实现"双碳"目标，我国制定了"1＋N"政策体系，将在十个领域采取加速转型和创新的政策措施，十个领域分别为能源、工业、建筑、交通、资源回收、技术创新、绿色金融、经济政策、碳交易市场、碳汇。主要通过以下几点实现"双碳"目标。

① 优化能源结构，控制和减少煤炭等化石能源；

② 推动产业和工业优化升级；

③ 推进节能低碳建筑和低碳设施建设；

④ 构建绿色低碳交通运输体系；

⑤ 发展循环经济，提高资源利用效率；

⑥ 推动绿色低碳技术创新；

⑦ 发展绿色金融；

⑧ 出台配套经济政策和改革措施；

⑨ 建立并完善碳市场和碳定价机制；

⑩ 实施基于自然的解决方案。

2.3.2　实现"双碳"目标的技术路径

2.3.2.1　"三端"共同发力体系

为推动实现"双碳"目标，需"三端"共同发力。"三端"为能源供应端、能源消费端、固碳端。

（1）能源供应端

能源供应端，如电力系统以煤炭等化石能源为主进行发电，应该改造为以风、光、水、核、地热等可再生能源和非碳能源为主，构建起以新能源为主的新型电力系统，包括发电、储能和输电三大部分。

发电部分需要在绿色能源这一层面实现突破，降低光伏发电技术成本、降低太阳能热发电技术成本、推广风力发电技术的应用、突破从干热岩中提取热能的技术从而提高地热能的利用、提高生物质发电占比、继续开展水力发电技术的应用。

储能部分是最重要的电力灵活性调节方式，包括物理储能、化学储能和电磁储能三大类，而灵活性调节还有火电机组的灵活性改造、车网互动、电转燃料、电转热等方式和技术。

输电部分需要我国未来增加远距离输电规模，提高对贴近终端用户的分布式微电网建设的重视，实现电网智能化控制技术上的突破。

（2）能源消费端

能源消费端主要表现在电力替代、氢能替代以及工艺重构。电力替代、氢能替代以及工艺重构的推广需要在工程层面进行突破，如大力推广创建绿色企业、绿色园区（生活和产业）、绿色行业、绿色区域（城市和国家）等。能源消费端可以分为七大领域，分别为建筑、交通、钢铁、化工、有色工业、服务业、农业等。实现"双碳"目标，需要对这七大领域的能源消费端进行低碳化利用与节能化改造。其中，钢铁领域主要通过提高炼焦炉、高炉等的余热、余能、副产品的利用率和推广低碳化工艺的使用来达到降低碳排放的目标；建筑领域和化工领域主要通过原材料的改变和提高绿色能源的使用率来实现低碳；有色工业领域低碳化通过绿色电力的使用、绿色碳素阳极材料的研发、电解槽的节能化改造和废金属的回收再利用实现低碳；服务业领域通过倡导节能习惯和尽可能用电能替代化石能源的使用来实现低碳；农业方面可以通过农业机械绿色用能、增加农业土壤的碳含量、研发农业碳减排技术实现低碳。

（3）固碳端

固碳端包括自然固碳和技术固碳两方面。自然固碳是通过海洋和陆地表面把大气中的二氧化碳吸收固定。人类活动向大气中排放大量二氧化碳，其中的一部分可以被自然过程所吸收，余下部分如不通过技术手段予以固定，则大气中的二氧化碳浓度还会逐年升高。本书中的固碳主要是指技术固碳。

2.3.2.2　碳中和的实现过程

实现碳中和是一个长期过程，需要有一个指导全局的工作规划，共分为四个阶段。

（1）控碳阶段

争取到 2030 年把二氧化碳排放总量尽可能控制在较低峰值。在这个阶段，交通领域争取大幅度增加电动汽车和氢能运输占比，建筑领域的低碳化改造争取完成半数左右，工业领域利用"煤＋氢＋电"取代煤炭的工艺过程争取完成大部分研发和示范工作。这期间增长的电力需求应尽量少用火电来满足，而应以风、光为主。内陆核电完成应用示范，制氢和用氢的体系完成示范并有所推广。

（2）减碳阶段

争取到 2040 年把二氧化碳排放总量控制在峰值的 85%以内。在这个阶段，争取基本完成交通领域和建筑领域的低碳化改造，工业领域全面推广用"煤/石油/天然气＋氢＋电"取代煤炭的工艺过程，并在技术成熟领域推广无碳新工艺。2030—2040 年这十年间，争取淘汰火电装机总量 15%的落后产能，用风、光资源制氢和用氢的体系完备并大幅度扩大产能。

（3）低碳阶段

争取到 2050 年把二氧化碳排放总量控制在峰值的 60%以内。在此阶段，建筑领域和交通领域达到近零碳化，工业领域的低碳化改造基本完成。2040—2050 年这十年间，火电装机总量再削减 25%，风、光发电及制氢作为能源主力，经济适用的储能技术基本成熟。据估计，我国对核废料的再生资源化利用技术在这个阶段将基本成熟，核电上网电价将有所下降，故用核电代替火电作为"稳定电源"的条件将基本具备。

（4）中和阶段

力争到 2060 年把二氧化碳排放总量控制在峰值的 25%～30%。在此阶段，智能化、低碳化的电力供应系统得以建立，火电装机只占目前总量的 30%左右，并且一部分火电用天然气替代煤炭，火电排放二氧化碳力争控制在每年 10 亿 t，火电只作为应急电力和承担一部分地区的"基础负荷"，电力供应主力为光、风、核、水。除交通和建筑领域外，工业领域也全面实现低碳化。尚有 15 亿 t 的二氧化碳排放空间主要分配给水泥生产、化工、某些原材料生产和工业过程、边远地区的生活用能等"不得不排放"领域。其余 5 亿 t 的二氧化碳排放空间机动分配。

2.3.3　绿色理念与公众生活

在 2022 年世界经济论坛视频会议上，习近平主席再次表明中国坚定不移推进生态文明建设、实现可持续发展的决心和行动："中国坚持绿水青山就是金山银山的理念，推动山水林田湖草沙一体化保护和系统治理，全力以赴推进生态文明建设，全力以赴加强污染防治，全力以赴改善人民生产生活环境。"

（1）培养公众绿色意识

绿色是大自然赠予人类的宝贵财富，绿色是人类文明的摇篮。每个人都渴望拥有一个美好的家园，都希望生活在人与自然和谐发展的文明环境里。

2021 年 2 月，生态环境部等六部门联合印发了《"美丽中国，我是行动者"提升公民生态文明意识行动计划（2021—2025 年）》，提出增强公民生态文明意识，把建设美丽中国转化为全社会的自觉行动。因此要培养全民绿色意识，从自身做起，从现在做起，杜绝浪费、毁绿行为，让家园更绿色、空气更清新、生活更美好。

我们要增强全民生态、环保、节约意识，持续加强生态文明宣传教育；全社会营造践行绿色低碳生活的良好氛围；加强人们对环境和环境保护的认识水平和认识程度，为保护环境而不断调整自身经济活动和社会行为，协调人与环境、人与自然的相互关系，提高绿色低碳发展的自觉性。

（2）全民践行绿色生活方式

培养践行绿色低碳理念、适应绿色低碳社会、引领绿色低碳发展的人才，充分发挥教育在人才培养、科学研究、社会服务、文化传承中的功能，为培养绿色低碳发展的一代新人作出贡献。生活方式绿色化是一个社会转变过程，需要从完善保障措施、营造良好的低碳生活氛围、推广全民绿色低碳生活方式等多方面协调推进。

深化绿色家庭创建行动，引导居民优先节约能源，树立"节能是第一能源"的理念。倡导优先步行、公共交通出行和共享交通工具出行方式，杜绝能源浪费，自觉实行垃圾分类，在衣、食、住、行各方面自觉践行简约适度、绿色低碳的生活方式。

2.3.4　碳中和未来发展方向

从碳达峰到碳中和，发达国家有 60 年左右的时间，而留给我国的仅有 30 年。加之我国面临经济社会现代化建设和碳减排的双重挑战，实现"双碳"目标无疑任重而道远。

碳中和过程既是挑战又是机遇，其过程将是社会、经济的大转型，也将会是一场涉及广泛领域的大变革。"技术为王"将在此进程中得到充分体现，即谁的技术走在前面，谁就将在未来国际竞争中取得优势。

（1）实现碳中和的挑战

对我国来说，主要的挑战在以下几个方面。

一是我国使用的能源大量依赖进口。国家统计局数据显示，2021 年，我国原油对外依存度高达 72%，天然气对外依存度达到 45%。海关总署的统计数据显示，2022 年 1—5 月，我国煤及褐煤进口量为 9595.6 万 t。二是我国的能源禀赋以煤为主。我国的发电长期以煤为主，这同石油、天然气在火电中占比很高的欧美发达国家相比，是资源性劣势。三是我国制造业的规模十分庞大，拥有全球最为完整的工业体系，小到螺丝钉，大到航天领域，中国的制造业已经包含了所有工业门类。四是我国经济社会还处于压缩式快速发展阶段，城镇化、基础设施建设、人民生活水平提升等方面的发展需求空间巨大。五是我国的能源需求在增长，意味着我国能源的使用无论是总量还是人均都会继续增长。

（2）实现碳中和的机遇

实现碳中和同样给我国带来了很大的机遇。一是我国光伏发电技术在世界上已是"一骑绝尘"，风力发电技术处在国际第一方阵，核电技术也跨入世界先进行列，水电站的建设水平更是无出其右。二是我国西部有大量的风、光资源，尤其是西部的荒漠、戈壁地区是建设光伏电站的理想场所，光伏电站建设还可带来生态效益；我国东部有大面积平缓的大陆架，可以为海上风电建设提供大量场所。三是我国的特高压输电技术比较成熟。从技术方面来说，我国的电力系统已在全国范围内实现智能化，效率高、成本低，并且我国的输电设备也比较领先。我国特高压输电技术的成熟让跨国电力网建设成为可能。四是我国储能技术的发展优势。我国主流储能技术总体达到世界先进水平，储能用锂离子电池具备规模化发展的基础，液流电池、压缩空气储能技术已进入商业化示范阶段，基本实现了关键材料和设备的国产化。五是我国的森林大都处在幼年期，还有不少可造林面积，加之草地、湿地、农田土壤的碳排放大都处在不饱和状态，因此生态系统的固碳潜力非常大。六是我国的体制优势将在碳中和过程中发挥重大作用。这是因为碳中和涉及大量的国家规划、产业政策、金融税收政策等内容，需要真正下好全国"一盘棋"。

在线习题

本章习题请扫二维码练习。

第3章
绿色建筑可持续技术

　　建筑领域的碳中和是实现"双碳"目标的关键一环,绿色建筑可持续技术是建筑领域碳中和的重要技术。在建筑整个寿命周期内,从原材料开采、建筑施工、运营使用到拆除废弃等各个阶段,采取一系列绿色建筑可持续技术,达到温室气体排放量的净零或负值,从而实现对气候变化的积极应对。

　　绿色建筑可持续技术是指可以降低消耗、减少污染、改善生态、促进生态文明建设、实现人与自然和谐共生的新兴技术。它涉及节能环保、清洁生产、清洁能源、生态保护与修复、城乡绿色基础设施、生态农业等领域,涵盖产品设计、生产、消费、回收利用等环节的技术,主要包括绿色电力技术、绿色建筑材料、绿色节能减碳技术以及其他绿色能源技术。

3.1　绿色电力技术

　　绿色电力技术是指利用特定的发电设备将可再生能源转化成电能的相关技术。常见的绿色电力技术主要有光伏发电技术、风力发电技术、风光互补发电技术以及水力发电技术。

3.1.1　光伏发电技术

　　光伏发电技术是将光能直接转变为电能的一种技术,这种技术的关键元件是太阳电池板。电池串联后经过封装保护可形成大面积的太阳电池组件,再配合光伏控制器等部件就形成了光伏发电系统(图3.1)。光伏发电技术被认为是解决世界能源危机的一条重要途径。

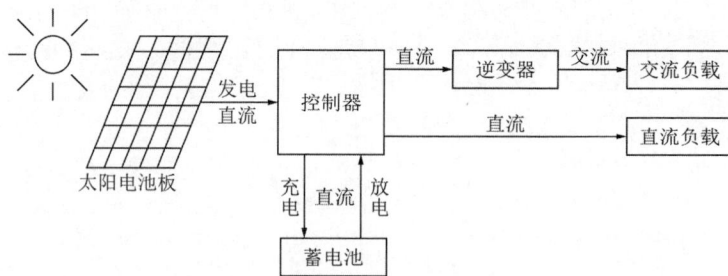

图 3.1　光伏发电系统的组成

3.1.1.1　光伏发电的系统组成及工作原理

(1) 系统组成

　　① 太阳电池板。太阳电池板是光伏发电系统中的重要部件,它利用"光生伏打效应"(简称"光伏效应")直接把太阳辐射能转化为电能,是能量转换的器件。太阳能电池一般为硅电池,分为单晶硅太阳能电池、多晶硅太阳能电池和非晶硅太阳能电池三种。利用光伏效应产生光生电流,效率高且环保。太阳电池板产生的电能可以直接被利用或存储在蓄电池中,保

证系统持续供电，提高发电系统的可靠性与稳定性。

②蓄电池。在太阳能发电系统中，蓄电池类型包括铅酸、镍氢、镍镉和锂电池等，适用于不同场景。在有光照时，它们储存太阳电池板产生的电能，并在无光照或光照不足时释放，确保了系统的持续稳定供电，增强了系统可靠性与实用性。

③控制器。光伏控制器是用于光伏发电系统中，控制多路光伏方阵对蓄电池充电以及蓄电池给太阳能逆变器负载供电的自动控制设备。它对蓄电池的充、放电条件加以规定和控制，并按照负载的电源需求控制太阳电池组件和蓄电池对负载的电能输出，是整个光伏供电系统的核心控制部分。

④逆变器。逆变器是将直流电转换成交流电的设备。由于太阳能电池和蓄电池是直流电源，而负载是交流负载，因此逆变器是必不可少的。逆变器按运行方式可分为独立运行逆变器和并网逆变器。独立运行逆变器用于独立运行的光伏发电系统，为独立负载供电。并网逆变器用于并网运行的光伏发电系统。逆变器按输出波形可分为方波逆变器和正弦波逆变器。方波逆变器电路简单、造价低，但谐波分量大，一般用于几百瓦以下和对谐波要求不高的系统，正弦波逆变器成本高，但可以适用于各种负载。

（2）工作原理

光伏发电技术的主要原理是半导体的光电效应。光子照射到金属上时，它的能量可以被金属中某个电子全部吸收。电子吸收的能量足够大，能克服金属内部引力做功，离开金属表面逃逸出来，成为光电子。硅原子有 4 个外层电子，如果在纯硅中掺入有 5 个外层电子的原子如磷原子，就成为 N 型半导体，若在纯硅中掺入有 3 个外层电子的原子如硼原子，就形成 P 型半导体。当 P 型和 N 型半导体结合在一起时，接触面就会形成电势差，成为太阳能电池。当太阳光照射到 P-N 结时，空穴由 P 极区往 N 极区移动，电子由 N 极区向 P 极区移动，从而形成电流。

3.1.1.2　光伏发电的技术优势

（1）良好的环境友好性

光伏发电技术没有中间转换过程，可直接将太阳能转化为电能，避免转化过程中的能量损耗及环境污染。另外，光伏发电不依赖化石燃料，具有不消耗自然资源、不产生温室气体等有害物质的特点，对推进环境保护、应对气候变化具有重要意义。

（2）明显的安全优势

相比传统发电方式，光伏发电不需要存储大量易燃、易爆的化石燃料，可有效减少火灾、爆炸等安全隐患。同时，该装置在安装、运行过程中，对操作人员及周边环境没有危害。

（3）应用范围广、适应性强

光伏发电系统能被安装在多种环境下，不管是在城市的屋顶还是在沙漠地区，或者是在偏远的山区。另外，模块化的设计使光伏发电系统具有可扩展性，便于管理。

（4）系统使用寿命长、维修少

太阳电池板使用寿命长、稳定性好。同时，该系统的结构简单且具有模块化应用的特点，维护费用相对较低，为用户节约了大量的运行费用和时间。

3.1.1.3　光伏建筑一体化技术

光伏建筑一体化（BIPV）技术由世界能源组织最先在 1986 年提出。BIPV 技术从建筑美学和使用功能两方面出发，将光伏组件与建筑进行集成，从而实现建筑设计与光伏发电技术应用的有机互融，形成一体化设计，即在不影响建筑安全和结构性能的前提下，将光伏组件以科学合理的形式与建筑集成，使其成为建筑本体的一部分。BIPV 技术的核心在于利用光伏组件中半导体的光伏效应，将太阳能转化为直流电，再通过逆变器、配电柜等设备将直流电转化为交流电供建筑使用，从而降低建筑对传统能源的需求，实现节能减碳的目的。从经济、技术及建筑自身出发，BIPV 技术具有以下优势：能够显著降低建筑能耗，缓解能源危机；施工方便、节约土地资源；对电网起到良好的调峰作用；具有安全、高效、无污染等优良特性，能够助力建筑行业实现零碳目标。

根据 BIPV 技术在建筑中的应用场景，可以将它分为屋顶 BIPV、立面 BIPV 和遮阳 BIPV 三类。工程中常见的应用形式包括光伏屋顶、光伏幕墙、光伏玻璃幕墙和光伏遮阳等，如图 3.2 所示。

(a)   (b)   (c)

图 3.2   常见 BIPV 技术应用场景

在常见的 BIPV 技术应用场景中，光伏幕墙的应用最为广泛。光伏幕墙的结构由外至内依次为玻璃盖板、光伏电池、玻璃背板、空气流道及建筑外墙表面五部分。实际运行工况下，室外空气进入空气流道后发生自下而上的流动，可实现背板散热和建筑表面热量调控。同时，空气流道产生的热量可以作为低品位热源用于建筑供暖、新风预热或能源系统能效提升。除了热电产出以外，光伏幕墙还具备遮阳、保温和隔热功能，可减少建筑外墙与室外环境的热量交换，从而降低建筑本体负荷。

3.1.2   风力发电技术

近年来，新兴市场的风力发电技术发展迅速。在国家政策支持和能源供应紧张的背景下，中国的风电特别是风电设备制造业也迅速崛起，中国已经成为全球风电最为活跃的地区。

风力发电机组按结构可分为两大部分。第一部分为机械部分，包括风轮、传动机构、限速或调速机构、刹车机构、机座回转体、塔架等；第二部分为电气部分，包括发电机、配电盒或控制器、蓄电池、逆变器等。

3.1.2.1   风力发电机组组成及功能

（1）风轮

风轮是风力发电机组的能量转换装置，它的作用是将风能转换为机械能，利用风轮的转动，带动发电机发电。风轮是风力机的重要构件，主要由叶片、轮毂和主轴三部分组成。

（2）传动机构

传动机构是介于风轮与发电机之间的变速机构。其作用是改变传动方向和速度。对于百瓦级微小型风力发电机组来说，由于发电机均采用低速发电机，因此一般省去传动装置，风轮与发电机直接连接。

（3）限速机构或调速机构

风力发电机组工作环境比较恶劣，受自然风况影响较大，有时会受到突发性阵风或强风的吹袭。为了保证风机安全可靠地运转，并使风轮在一个限定的转速范围内工作，就需要设置必要的限速或调速机构。常见的调速机构有离心变矩、风轮侧偏、机头侧仰、气动阻尼、风轮偏心、配重尾翼等形式。

（4）机座回转体

机座回转体结构虽然非常简单，但却是风力发电机组的重要构件之一，其作用是支撑整个机头（风轮与发电机等），并使其在塔架上端自由回转。

（5）调向机构

调向机构的作用是使风轮叶面与来风始终保持垂直状态，从而使风轮获得最大的风能，以实现最大的功率输出。高速螺旋桨式风力发电机组按风轮与来风所处的空间位置可划分为上风式（亦称迎风式）、下风式（亦称背风式）两种。

（6）塔架

塔架一般分为桁架式、筒式和独杆拉索式。百瓦级微小型风力发电机组大都采用独杆拉索式。

（7）配电盒或控制器

配电盒或控制器是风力发电机组维持向外正常供电不可缺少的部件。对风力发电机组来说，由于自然风时大时小、时有时无，因此不能用发电机直接向用电设备供电，必须与蓄电池共同使用才能保证输出电压稳定。对蓄电池来说，过充电或过放电都会降低其使用寿命。因此，配电盒中必须有必要的保护装置，以保证发电机组的正常使用。

（8）蓄电池

蓄电池在风力发电机组中既发挥储能作用，又起稳定输出电压的作用。按电解质的不同，可分为酸性蓄电池、碱性蓄电池两类。在风力发电系统中，常用的蓄电池类型为铅酸蓄电池、铁镍蓄电池等。

（9）逆变器

逆变器是一种将直流电转换成交流电的装置。微小型风力发电机组输出电压一般有 12V、24V、36V 等，只能供相应电压的直流用电器使用，而目前家用电器如电视机、洗衣机、电冰箱、电动机等大多使用 220V 交流电。因此，必须使用逆变器将直流电转换成交流电，才能供家电使用。

3.1.2.2　风力发电机组分类

（1）恒速恒频风电机组

恒速恒频风电机组（图 3.3）主要分为笼型感应发电机组和电励磁同步发电机组。

图 3.3　恒速恒频风电机组

恒速恒频风电机组的主要特点有：机组结构简单，适合在野外环境工作；由于转速不变，无法进行最大功率点跟踪控制，发电效率较低；当风速快速增大时，由于转速不变，风能将通过桨叶传递给主轴、齿轮箱和发电机等部件，产生很大的机械应力，从而导致这些部件疲劳损坏。

该类型的风力发电机组由于在低风速区域效率低，因此主要应用于小功率、机组容量低于 600kW 的风力发电系统。恒速恒频风电机组在正常发电过程中，发电机定子绕组直接接入电网，其转速由电网频率确定，风力发电机组的转速在整个运行风速范围内保持恒定。

恒速恒频风电机组的优点是不需要采用大功率全控开关器件进行变频控制，从而降低整个机组的成本和控制复杂程度；缺点是整个风力发电机组的转速恒定，使得机组在低风速区间内不能以最佳叶尖速比（叶尖速比是在时间范围确定情况下风速与叶尖速之间的比例关系）运行，造成低风速区间内的能量损失。

（2）变速恒频风电机组

变速恒频风电机组的转速能随着风速的变化而变化，因此可以保证机组在低风速区域获得最大的风能利用率。其效率比恒速恒频风电机组高很多。目前，变速恒频风电机组主要分为双馈异步风力发电机组、永磁直驱风力发电机组和电励磁同步半直驱风力发电机组，其中双馈异步风力发电机组为主流机型（图 3.4）。

变速恒频风电机组的优点是在额定转速以下，风力发电机组的转速随风速变化而变化，保证机组运行在最佳叶尖速比点，使机组在低风速区间内获得最大风能利用率；其缺点是由于电网频率基本不变，而机组的转速在一定范围内变化，这就要求在发电机与电网之间增加全控变流器，以实现电网频率与发电机转速之间的解耦控制，因此，风力发电机组的成本和控制复杂程度会相应增大。

由于风电场一年内大部分时间段的风速都在变速恒频风电机组额定转速以下，提高额定转速以下风力发电机组的风能利用效率是提高机组年发电量的关键。另外，大功率全控电力电子器件的出现，使得现代风力发电机组大都采用变速恒频风电机组。

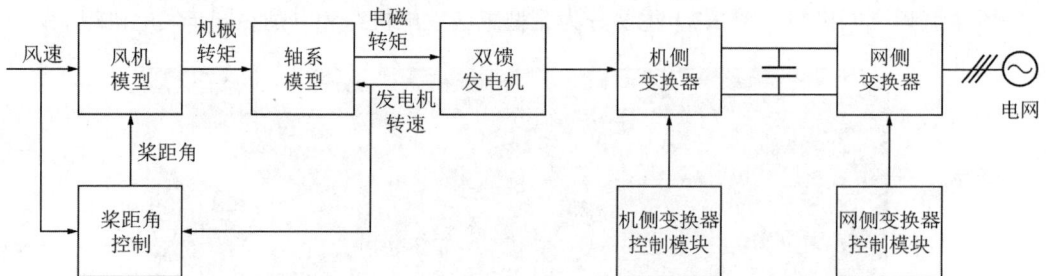

图 3.4　双馈异步风力发电机组系统结构图

3.1.2.3　风力发电机组工作原理

风力发电是通过风力促使风车叶片不断转动，辅以增速机，将生成的动能全部汇入发电机中，当能量积累到一定程度之后进行发电的发电方式。风力发电机组工作原理如图 3.5 所示。

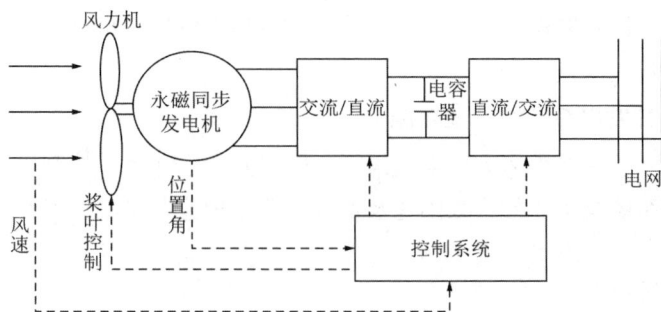

图 3.5　风力发电机组工作原理

3.1.2.4　风力发电与建筑一体化设计

风力发电技术要点主要包括电力电子变换器控制技术、风轮控制技术和风电功率预测技术。

相较于光伏发电，风力发电不受时间限制，昼夜均可以持续发电。因此，风力发电系统既可自成一套独立系统，又可与光伏发电系统配合使用。风力发电场的建筑设计与环境融合，能最大程度地减轻对环境的影响。

在风力发电与建筑一体化设计中，风力发电技术与建筑结合主要有 3 种基本形式：风机安装在建筑屋顶上、风机设置在两座建筑物之间，以及风机设置在建筑物的孔洞中。其他结合形式都是根据基本形式发展而来的。

（1）风机安装在建筑屋顶上

建筑屋顶风力大、环境干扰小，是安装风力发电机的最佳位置。风机应高出屋面一定高度，以避开檐口处的涡流区。

（2）风机设置在两座建筑物之间

两座建筑之间的夹缝可以产生"峡谷风"，且风力随着建筑体量的增大而增大。此处适合安装垂直轴风机或水平轴风机。

（3）风机设置在建筑物的空洞中

在建筑物中部开口处，风力被汇聚和强化，产生强劲的"穿堂风"，适合安装定向式风机。

珠江城大厦是国内最早应用风力发电系统的超高层建筑。大厦主楼 71 层、高 309m、总建筑面积 21 万 m²。大厦朝向为南偏东 13°，不仅可以避免东、西朝向阳光直射，还可以利用当地的主导风。大楼中部和上部的两个设备层设有两个"开口"，内部安装风力发电系统，利用"穿堂风"发电。此外，大厦玻璃幕墙与光伏发电系统相结合，形成光伏发电和风力发电综合化、一体化的可再生能源利用系统。珠江城大厦效果图如图 3.6 所示。

图 3.6　珠江城大厦效果图

3.1.3　风光互补发电技术

风光互补发电技术是目前广泛应用的一种发电控制技术，也是应用前景广阔的一种清洁能源利用技术。该系统是利用太阳能电池方阵、风力发电机组（将交流电转化为直流电）将发出的电能存储到蓄电池组中，当用户需要用电时，逆变器将蓄电池组中储存的直流电转变为交流电，通过输电线路输送到用户负载处。风光互补发电技术是风力发电机组和太阳能电池方阵两种发电设备共同发电。

3.1.3.1　风光互补发电系统组成及功能

风光互补发电系统主要由风力发电机组、太阳能光伏电池组、控制器、蓄电池组、逆变器等部分组成。该系统是集风能、太阳能及蓄电池等多种能源发电技术及系统智能控制技术为一体的复合可再生能源发电系统。

（1）风力发电机组

风力发电部分是将风能转换为机械能，通过风力发电机将机械能转换为电能，然后再通过控制器对蓄电池充电，经过逆变器对负载供电。

（2）太阳能光伏电池组

光伏发电部分利用太阳电池板的光伏效应将光能转换为电能，然后对蓄电池充电，通过逆变器将直流电转换为交流电对负载进行供电。

（3）控制器

控制器根据日照强度、风力大小及负载的变化，不断对蓄电池组的工作状态进行切换和调节：一方面把调整后的电能直接送往直流或交流负载，另一方面把多余的电能送往蓄电池组存储。发电量不能满足负载需要时，通过控制器把蓄电池的电能送往负载，保证了整个系统工作的连续性和稳定性。

（4）蓄电池组

蓄电池组作为风光互补发电系统的储能设备，在整个发电系统中同时起到能量调节和平衡负载两大作用。常用蓄电池主要有铅酸蓄电池、碱性镍蓄电池和镉镍蓄电池。

① 由于自然风和光照是不稳定的，在风力、光照过剩的情况下，存储负载供电多余的电能，在风力、光照欠佳时，储能设备可以作为负载的供电电源。

② 蓄电池具有滤波作用，能使发电系统更加平稳地输出电能给负载。

③ 风力发电和光伏发电很容易受到气候、环境的影响，发出的电量在不同时刻是不同的，且差别很大。作为它们之间的"中枢"，蓄电池可以将太阳能和风能综合起来，实现二者之间的互补。

（5）逆变器

通过逆变器，把蓄电池中的直流电转变成标准的交流电，保证交流电负载设备的正常使用。同时，它还具有自动稳压功能，可改善风光互补发电系统的供电质量。

3.1.3.2　风光互补发电系统原理

风光互补发电系统主要包括电能产生环节、电能变换控制环节以及电能储存消耗环节，如图 3.7 所示。

（1）电能产生环节

该系统的电能可以通过交流风力发电机或者直流风力发电机将风能转化为电能，也可以通过太阳电池板将太阳能转化为电能，从而为系统提供源源不断的电能支持，实现清洁能源的有效转化。

（2）电能变换控制环节

电能变换控制环节主要包括主控制电路以及变换器等核心部分，在整个发电系统中有关键的作用。三相交流电在进入变换器后，直流风力发电机会输出直流电流。太阳电池板输出的直流电输入变换器，经过控制芯片的有效控制，能够实现功率的变换。同时，也可以对各种参数和信息进行采集与处理，实现风险的有效预警以及设备的持续运行，从而减少故障的发生。

（3）电能储存消耗环节

电能储存消耗环节主要包括储存电能和消耗电能两部分内容。储存部分主要由蓄电池组来完成，可以起到系统的平衡负载以及自动调节的作用，在整个系统中有十分重要的地位。消耗部分主要包括交流负载和直流负载，直流负载可以经过蓄电池引入系统当中，也可以通过直流变换电路提供相对应的直流电压；交流负载则需要经过逆变器将直流电转化为交流电。

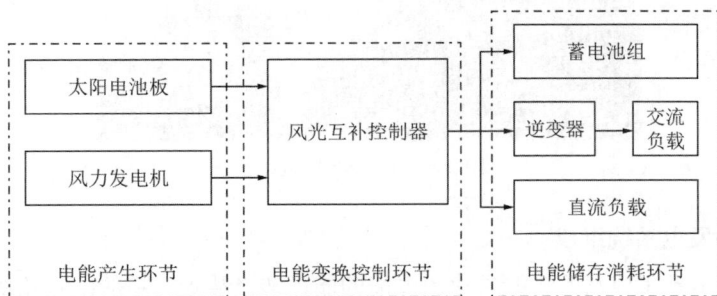

图 3.7　风光互补发电系统原理

3.1.3.3　风光互补发电技术优势

（1）建筑能源自给自足

风能和太阳能具有天然的互补性。白天阳光充足时，太阳能发电效率高；夜间或阴天无光照时，风能可继续供电；夏季太阳辐射强但风力较小，冬季太阳辐射弱但风力较强，两者在季节分布上形成互补。因此，将二者结合可以提高整个发电系统的稳定性和可靠性，使建筑能源实现自给自足。

（2）系统稳定可靠

由于风光互补发电技术采用了风能和太阳能两种可再生能源，且二者在资源上具有互补性，因此风光互补发电系统具有较高的稳定性和可靠性。同时，系统还具备昼夜互补和季节性互补的特点，进一步提高了系统的稳定性。

（3）性价比高

风光互补发电系统能够降低对传统能源的依赖，从而降低能源成本。同时，由于系统采用了先进的控制技术和高效的发电设备，因此具有较高的性价比。

（4）促进建筑节能减碳

风光互补发电系统是一种清洁、无污染的能源发电方式，在运行过程中不会排放二氧化碳等温室气体，有效减少碳排放量。

3.1.4　水力发电技术

我国水能资源量居世界首位，技术可开发容量约 6.6 亿 kW，年可发电量约 3 万亿 kW·h。截至 2023 年末，全国共有水电站 8600 余座，其中 2200 余座为大型水电站，总装机规模达 4.2 亿 kW（含抽水蓄能 5064 万 kW），约占水电技术可开发容量的 64%，约占全国电力总装机的 14%。我国水能资源利用率已达较高水平。水力发电的基本原理是利用水位落差，配合水轮发电机产生电力，也就是利用水的势能转化为水轮的机械能，再以机械能推动发电机，从而产生电力。水力发电示意如图 3.8 所示。水力发电是最成熟的发电方式之一，除提供电力外，还具备调峰、调频、调相、黑启动和事故备用等重要功能。

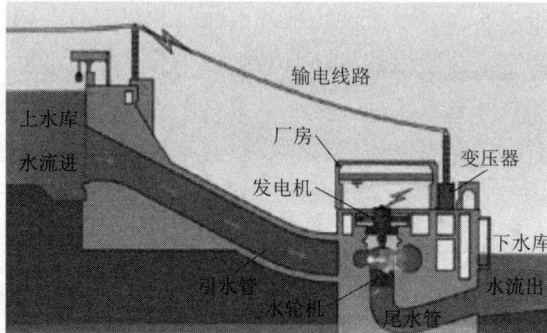

图 3.8　水力发电示意图

3.1.4.1　水力发电系统组成

水力发电机组是实现水的势能转化为电能的能量转换装置，一般由水轮机、发电机、调速和控制装置、励磁系统、冷却系统、电站控制设备和制动装置组成。

（1）水轮机

常用的水轮机有冲击式和反击式两种。

（2）发电机

发电机大部分采用同步发电机，其转速较低，一般在 750r/min 以下，有的只有几十 r/min，由于其转速低，故磁极数较多，结构尺寸和重量都较大。

（3）调速和控制装置

调速和控制装置包括调速器和油压装置。调速器的作用是调节水轮机转速，以保证输出电能的频率符合供电要求，并实现机组操作（开机、停机、变速、增减负荷）及安全经济运行。为此，调速器的性能应满足操作快速、反应灵敏、运行稳定、维修便捷等要求，还需要可靠的手动操作及事故停机装置。

（4）励磁系统

水力发电机一般为电磁式同步发电机，通过对直流励磁系统的控制可实现电能的调压、有功功率和无功功率的调节等控制，以提高输出电能的质量。

（5）冷却系统

小型水力发电机的冷却主要采用空气冷却，以通风系统对发电机定子、转子以及铁心表面进行冷却。但随着单机容量的增长，定、转子的热负荷不断提高，为了在一定转速下提高发电机单位体积的输出功率，大容量水力发电机采用了定、转子绕组直接水冷的方式；或者定子绕组用水冷，而转子用强风冷却。

（6）电站控制设备

电站控制设备主要以微机为主，实现水力发电机组的并网、调压、调频、功率因数的调节、保护和通信等功能。

（7）制动装置

额定容量超过一定值的水力发电机组均设有制动装置，其作用是在发电机停机过程中，当转速降低到额定转速的 30%～40%时，对转子实施连续制动，以避免推力轴承因低转速下油膜被破坏而烧损轴瓦。制动装置的另一作用是在安装、检修和起动前，用高压油顶起发电机的旋转部件。制动装置采用压缩空气进行制动。

3.1.4.2　水力发电技术要点

（1）变速恒频水力发电技术

变速恒频水力发电技术主要用于解决微小型水电机组变速运行的问题，在低水头、低流量发电困难时，可实现全季节、全天候发电，提升电能并网质量；同时，改变传统小水电站的运行方式，变"蓄水发电"为"有水发电"，实现生态流量释放和发电两不误。当前，国内研究开发的变速发电系统类型主要有交流励磁双馈发电系统、无刷双馈发电系统以及全功率变流器发电系统，其中最常用的为交流励磁双馈发电系统（见图 3.9）。

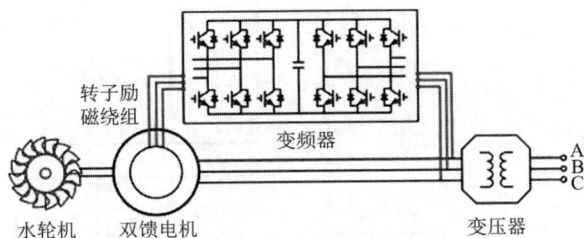

图 3.9　交流励磁双馈发电系统结构

（2）蜂窝式水力发电技术

蜂窝式水力发电技术是一种分布式水力发电技术，也是一种新型的水力发电技术，具有灵活、可靠和分布式的特征。蜂窝式水力发电机组呈蜂窝状，因此该技术也被称为蜂巢式水力发电技术。每组蜂窝发生器由多个蜂窝发生器单元组成，在每个蜂窝发生器单元内部安装有对应的水轮机叶片，分布均匀的水轮机叶片承担着从水流中获得能量的任务。蜂窝发电机内的叶轮利用叶轮支腿固定在蜂窝发电机组机座内，构建起了一种稳定、灵活的结构。另外，为了能够拓宽蜂窝式水力发电机组的适用范围，在实际应用过程中一般会采用多个机组组合的形式来提升水能的获取效率，并最终作用于发电机产生电能。蜂窝式水力发电技术具有较高的能量利用率，通常其水能利用率高达 75%～90%。

3.1.4.3　水力发电与建筑一体化设计

在给高层建筑供水时，需要耗费电能对水进行加压，将电能转化为水的重力势能。然而，这部分水资源被用作洗菜、洗澡用水后直接从排水管道进入下水道，它的重力势能直接被浪费。可通过在排水管道中安装发电机来利用水的重力势能，如图 3.10 所示。这部分被利用过一次的水经专门的排水管道排到楼下，在这个过程中，其重力势能转化为动能。污水下落时推动安装在排水管道中的发电机转动，将水的动能转化为电能。由于这一发电过程存在波动性，并且也不是所有排水的时刻都需要用电，所以利用污水产生的电能需要先储存在蓄电池中。

上述生活污水在发电后，经过过滤、消毒等步骤后可作为中水储存在中水池中。中水在加压后，可输送到居民家中作为冲厕所用水，实现水资源的再次利用。同时，中水在冲完厕所后，经过另一条专门的排水管道排出，在下落过程中同样可利用水的重力势能进行发电。

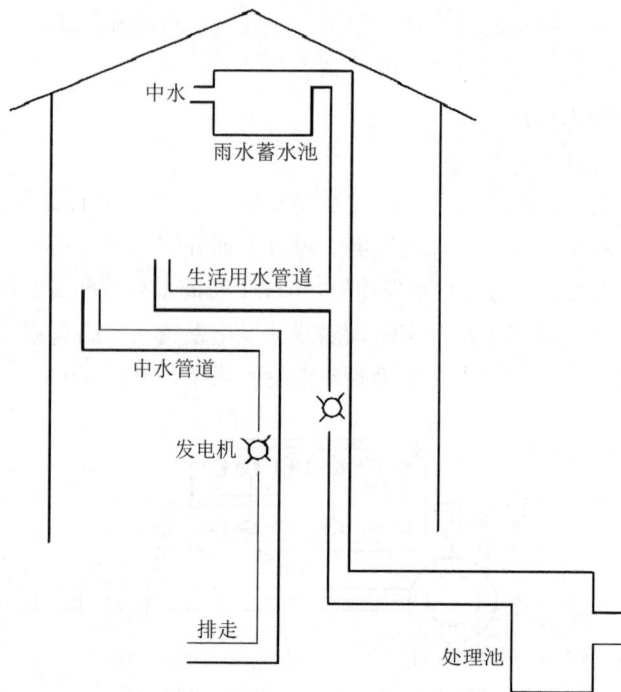

图 3.10　水力发电与建筑一体化系统结构图

3.2　绿色建筑材料

　　绿色建筑材料是指采用清洁生产技术，不用或少用天然资源和能源，大量使用工农业或城市固态废弃物生产的无毒害、无污染、无放射性，达到使用周期后可回收利用，有利于环境保护和人体健康的建筑材料。绿色建筑材料的定义围绕原料采用、产品制造、产品使用和废弃物处理 4 个环节，实现对地球环境负荷最小和有利于人类健康两大目标，达到"健康、环保、安全及质量优良" 4 个目的。常见的绿色建筑材料包括绿色保温材料、绿色墙体材料以及绿色安装材料。

3.2.1　绿色保温材料

　　绿色保温材料具有优异的保温隔热性能，能够有效减少建筑物内外热量的传递，从而降低能源消耗，减少建筑碳排放。此外，一些绿色保温材料还具有优良的隔声性能，能够降低噪声污染，提升建筑的居住质量。

　　绿色保温材料种类繁多，根据其材质和性能的不同，主要分为无机保温材料（如真空绝热板）、有机保温材料（如挤塑聚苯乙烯板）和复合保温材料（如改性粉煤灰砂浆）。

3.2.1.1　真空绝热板

　　真空绝热板（vacuum insulation panels，VIP）是一种真空绝热材料，结合填充材料和真空保护表层，可以有效地避免空气对流引起的热传递，从而大大降低其导热性。它是目前世界上最先进、最有效的保温材料之一。真空绝热板的导热系数仅为 $0.003 \sim 0.005 \text{W}/（\text{m·K}）$，是传统保温材料导热系数的 1/10。与传统保温板相比，其达到相同隔热保温效果所需的厚度很小。

（1）真空绝热板的构成

真空绝热板主要由芯材、阻隔膜和吸气剂构成。

① 芯材。芯材是决定真空绝热板绝热性能的关键因素，目前常用的真空绝热板芯材主要为纤维芯材、泡沫芯材和颗粒芯材。

② 阻隔膜。阻隔膜是真空绝热板的重要组成部分，其阻隔性能是影响真空绝热板内部真空度和使用寿命的最为重要的因素。阻隔膜分为金属膜、塑料合成膜、金属塑料合成膜三大类。

③ 吸气剂。多孔结构的芯材和阻隔膜由于易吸收水分，因此在使用中它们会因老化分解而释放少量的水分和气体（CO_2 等），从而大幅降低真空绝热板的内部真空度。随着时间增加，真空绝热板的内部真空度逐渐下降，绝热性能逐渐变差。因此，为了防止真空绝热板的内部气压剧增影响真空绝热板的隔热性能，通常会在真空绝热板内部加入适量的吸气剂来吸收内部的气体。

（2）真空绝热板在建筑中的作用

真空绝热板在建筑领域应用广泛，可以用于建筑物墙体、屋顶以及地板等关键部位。这些部位是热量传递的主要通道，使用真空绝热板可以有效阻断热量的传递，提高建筑物的整体保温性能。真空绝热板在建筑中的作用主要体现在以下几个方面。

① 建筑保温隔热。真空绝热板通过创造真空环境，有效阻断热量传递。这种高效的保温隔热性能使得真空绝热板在冬季能够减少室内热量的散失，保持室内温度稳定；在夏季则能阻挡外界热量的侵入，降低室内温度波动，从而为居住者提供舒适的室内环境。

② 建筑节能减排。由于真空绝热板具有出色的保温隔热性能，因此它能够显著降低建筑物的能源消耗。在冬季，它可以降低供暖系统的能耗；在夏季，则可以降低空调系统的能耗。这种节能减排的效果不仅有助于降低建筑物的运营成本，还符合可持续发展的理念，对环境保护具有积极意义。

③ 建筑安全性。真空绝热板的主要成分为无机保温材料，具有超薄轻质、不易脱落、防火不燃的性能。同时，它不含任何消耗臭氧层的物质，具有无毒、绿色、环保的特点。这些特性使得真空绝热板在建筑应用中更加安全可靠，不会对人体健康和环境造成危害。

④ 建筑空间优化。相较于传统保温材料，真空绝热板的厚度更薄，但保温性能却更加出色。这使得真空绝热板在达到相同保温效果的同时，能够节省更多的建筑空间。对于城市中的高层建筑或空间有限的建筑来说，这种优化空间利用率的特点尤为重要。

3.2.1.2 挤塑聚苯乙烯板

挤塑聚苯乙烯板（又称 XPS 板）是以聚苯乙烯树脂为原料加上其他原辅料与聚合物，通过加热混合同时注入催化剂，然后挤塑压出成型而制得的硬质泡沫塑料板。它是一种常见的建筑保温材料，被大量应用于线路、站场等交通基础设施的建设中。除此之外，XPS 板还被广泛应用于包括高铁站、火车站、长途汽车站在内的人群聚集的大型建筑的保温系统中。

（1）XPS 板的性能

XPS 板具有完美的闭孔蜂窝结构（图 3.11），这种结构使 XPS 板具有许多优越性能，具体性能如下：

① 优良的隔热保温效果。XPS 板具有热阻高、线性低和膨胀比低的优点，其结构的闭孔率高达 99%，能形成一定空间的真空层，有效避免孔内空气流动散热，确保具备持久和

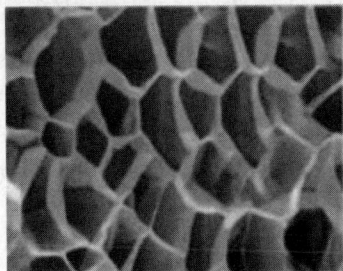

图 3.11 XPS 板的闭孔式蜂窝结构

稳定的保温性能。工程实践证明，欲达到同样的保温效果，XPS 板、可发性聚苯乙烯（EPS）板、水泥珍珠岩的厚度需要分别达到 20mm、20mm、120mm。

②抗压强度高。XPS 板内部结构呈闭孔蜂窝状，决定其具有极高的抗压强度和极强的抗冲击性。它的抗压强度为 150～500kPa，高于同类的板材。

③较低的吸水率。保温板经常应用于室外环境，衡量此类材料性能优劣的一个重要参数就是吸水率。XPS 板是由聚苯乙烯树脂和添加剂混合后加压挤出成型的，形成闭孔式结构且没有任何间隙，可以防止水的渗入。

④稳定性好。XPS 板在各种恶劣环境中长时间使用，不易出现老化、分解和腐蚀状况，不产生有害物质，能够保持较为稳定的化学性能，不会因吸水和腐蚀等原因降解而使其性能降低，在高温环境下使用性能保持不变。

（2）XPS 板的应用

XPS 板凭借自身的优良性能，在各行业中具有广泛的应用，展现出非常强大的市场潜力。

①建筑屋面保温。倒置式屋面保温构造中把 XPS 板放置在屋面防水层的上面（图 3.12），可以使防水层避免受到温度变化、紫外光辐照和外界或人为撞击的破坏，从而使得防水层一直处于一种有效作用的层面系统。在此构造中的普及应用，是因为它在长期与水汽接触的环境中能够始终保持稳定的低导热和高抗压性能，同时又大大减少水汽的浸入。

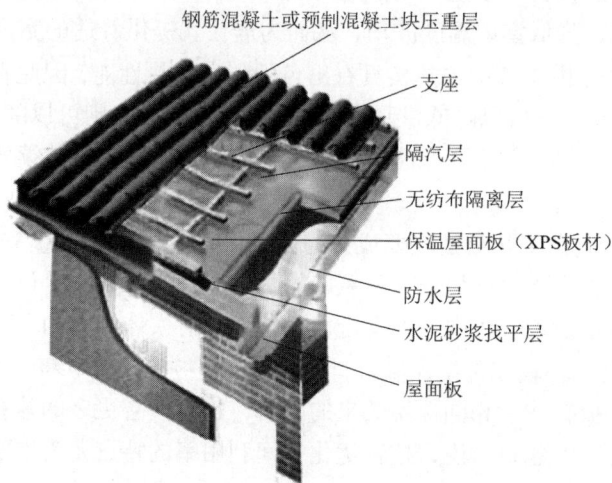

钢筋混凝土或预制混凝土块压重层
支座
隔汽层
无纺布隔离层
保温屋面板（XPS板材）
防水层
水泥砂浆找平层
屋面板

图 3.12　倒置式屋面保温构造

②建筑物楼地面。通常，建筑物从楼地面散失的热量占 15%～20%。为了防止室内热量的散失，需要对楼地面采取一定的保温隔热措施，可以防止地表结霜，给建筑物用户提供温度合适的居住场所。除此之外，从楼体结构稳定性方面考虑，XPS 板可使楼地面避免受到水汽的浸入和侵蚀。

③高原地区道路。在高原地区，气温较低，冻胀成为约束多种土木工程施工的关键因素，此因素会导致公路、铁路和机场跑道等凹凸不平。在路面基层的下方放置适当的 XPS 板，从而有效降低冰霜渗透、路基结冰等情况的发生，缓解地表受冻膨胀。对比传统作业方案，应用 XPS 板很大程度上可以降低所需换土填料工程量，在确保路面和地下管道等设施的使用功能前提下延长使用年限。

（3）XPS 板的生产流程

一条完整的 XPS 板生产线通常由混料单元、挤出机、定型装置、冷却架、牵引装置、切割装置和其他控制系统等设备组成，其生产流程见图 3.13。

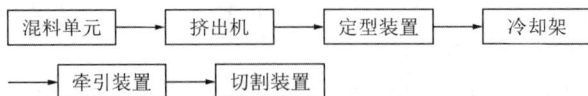

```
混料单元 → 挤出机 → 定型装置 → 冷却架
→ 牵引装置 → 切割装置
```

图 3.13　XPS 板的生产流程

3.2.2　绿色墙体材料

绿色墙体材料是指以混凝土、水泥、砂等硅酸质材料为原料，掺加适量的粉煤灰、煤矸石、炉渣等工业废料或建筑垃圾，采用压制、烧结、蒸压等工艺制成的非黏土砖、建筑砌块及建筑板材。绿色墙体材料一般具有保温、隔热、轻质、高强、节土、节能、利废、环保、改善建筑功能和增加房屋使用面积等一系列优点，还具有消磁、消声、调光、调温、防火、抗静电等性能。

绿色墙体材料品种繁多，具有以下应用特点：

①节约或少量使用天然原材料，特别是不可再生资源，如水泥、石灰、石膏、黏土等。

②大量利用工业废渣（粉煤灰、煤矸石、炉渣等）代替部分或全部天然资源。

③尽量使用具有潜在水硬性的工业废渣代替部分水泥等胶凝材料。

④生产过程中尽可能地节约能源，如煤、电、天然气、油料等。

⑤生产过程中尽可能少地排放或不排放有害的废渣、废气、废水等。

⑥具有较高的质量、较好的多功能性和较长的使用寿命。

⑦施工性好、施工便捷、施工效率高、施工强度低、施工技术成熟、施工配套机具齐全、施工质量有保证。

⑧外墙采用复合保温技术，在长期的使用过程中具有节能降耗的作用。

⑨墙材产品使用寿命终结后，可循环利用或回收加工利用。

3.2.2.1　蒸压加气混凝土砌块

蒸压加气混凝土砌块的主要特点有：重量轻，密度在 $500 \sim 700 \text{kg/m}^3$；具有良好的吸声性、抗渗性、可加工性、抗震性以及较强的保温隔热性；原料价格低廉并且易于采购，一些工业废渣（如粉煤灰、矿渣、生石灰、煤矸石、尾矿等）均可以作为蒸压加气混凝土砌块的原料；具有较好的耐高温性，且遇火后不会释放有害气体，不会对环境造成污染。

（1）蒸压加气混凝土砌块的级别

①级别。蒸压加气混凝土砌块按强度分为 A1.5、A2.0、A2.5、A3.5、A5.0 五个级别；按干密度分为 B03、B04、B05、B06、B07 五个级别。常用规格尺寸长度为 600mm；宽度为 100、120、125、150、180、200、240、250、300mm；高度为 200、240、250、300mm。

②标记。产品以蒸压加气混凝土砌块代号(AAC-B)、强度和干密度分级、规格尺寸和标准编号进行标记。示例如下：

抗压强度为 A3.5、干密度为 B05、规格尺寸为 600mm×200mm×250mm 的蒸压加气混凝土Ⅰ型砌块，其标记为：AAC-B　A3.5 B05　600×200×250（Ⅰ）　GB/T 11968。

（2）蒸压加气混凝土砌块的工艺流程

①原材料处理：将水泥输送至水泥仓，粉煤灰、河沙、石粉、石灰和石膏分别通过破碎机破碎后，由提升机分别送到两个不同的储存仓；利用电子秤计量给料，将它们混合在一起，

用磨机进行混磨；混灰磨细后，用提升机将物料输送到相应储存仓。

②配料浇注：备好上述物料，用搅拌机进行搅拌，随后加入计量好的铝粉，待物料搅拌45s后达到工艺要求，即可浇注入模。

③切割：浇注发泡后，不能立即切割，待坯体静停到一定硬度时，方可进行切割。

④蒸压养护：将切割好的坯体，通过行车编组，当模数达到15模后，即可进入蒸压釜进行养护，养护时间为11h。

（3）蒸压加气混凝土砌块的特性

蒸压加气混凝土砌块质轻块大，施工比较方便。由于它本身具有很好的保温隔热性能，一般不需要另外做保温层就可以达到良好的保温效果，省去了保温材料的费用。在施工过程中，墙体的内侧一般先做批嵌层，然后做饰面层；墙体外侧先做防水界面，然后做粉刷层，最后做饰面层（见图3.14）。在北方，这种墙体已被广泛使用。

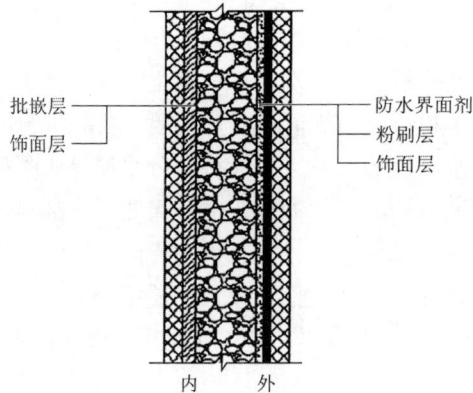

图3.14　墙体自保温系统结构

3.2.2.2　叠合板

叠合板作为新型的建筑材料，具有优异的力学性能和施工便利性，在现代建筑中得到广泛应用。叠合板的组成部分包括预制底板、混凝土后浇层及钢筋网架，具有板薄、用钢量少、施工快捷、质量可控等优点，适用于装配式建筑的楼板、屋面、墙板等部位。施工时，先将预制底板由工厂运输至施工现场，再将预制底板吊装到规定位置，随后在板面绑扎钢筋，待绑扎完成后再浇筑一层混凝土，进而形成了叠合板。叠合板的力学特性主要取决于预制底板和混凝土后浇层之间叠合面的抗剪性能以及预制底板的预应力效应。

（1）叠合板的分类

①平板型叠合板。平板型叠合板（图3.15），其预制底板的横截面通常为矩形，厚度一般为50~80mm。为增强预制底板与混凝土后浇层之间的黏结，其表面常进行粗糙处理。虽然这类预制底板制作较为便利，但是在长期荷载或低周反复荷载作用下，可能导致预制底板和混凝土后浇层之间产生分离现象。

②钢筋桁架叠合板。钢筋桁架叠合板应用最为广泛，其制作方法是将钢筋制作成弯折型桁架，部分埋入板内、部分凸出板面，随后浇筑混凝土，形成钢筋桁架预制底板（图3.16）。该类型预制底板的优势在于弯折型桁架可连接预制底板和现浇混凝土中的钢筋，兼作叠合

板的上下层配筋，能够承受各种荷载，但由于板厚较小，其抗弯性能受限，不适用于大跨度结构。

图 3.15 平板型叠合板

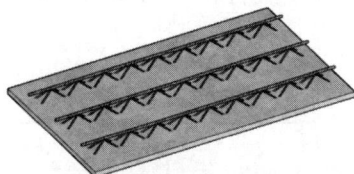

图 3.16 钢筋桁架叠合板

③ 预制带肋叠合板。预制带肋叠合板是在钢筋桁架叠合板的基础上发展而来的一种结构形式，其主要特点是将钢筋桁架替换为混凝土肋。肋的设计形式包括矩形（图 3.17）、矩形孔 T 形（图 3.18）、倒 T 形等多种选择。相较于传统的钢筋桁架，预制底板采用肋梁的设计，能够降低制作成本、提高施工效率，尤其在跨度较大的情况下，这一优势更加显著。

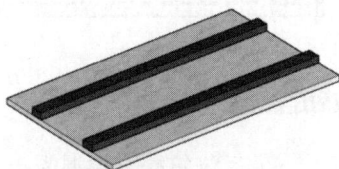

图 3.17 预制矩形肋叠合板

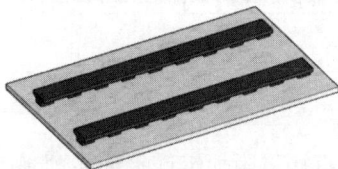

图 3.18 预制矩形孔 T 形肋叠合板

④ 预应力夹芯叠合板。预应力夹芯叠合板包括带倒 T 形肋夹芯叠合板（图 3.19）、双向密肋夹芯叠合板（图 3.20）等。这类板的制作工艺是先使用不同构造形式的预制底板，然后在其表面铺设圆柱体聚苯乙烯泡沫条等填充物，最后进行混凝土浇筑形成夹芯叠合板。这类板具有轻质高强、保温隔热等优点，但这类板内置芯模施工较为复杂，且板厚较大，一般应用于大跨度商用建筑。

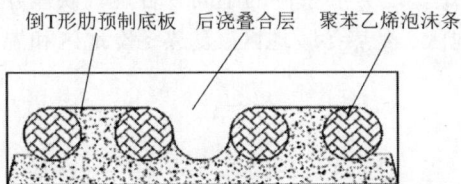

图 3.19 带倒 T 形肋夹芯叠合板

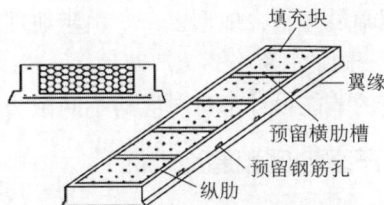

图 3.20 双向密肋夹芯叠合板

（2）叠合板的连接形式

在施工阶段，叠合板需要与其相邻的梁、墙或板进行现场拼接。板侧拼接缝的构造形式与受力性能直接影响叠合板的受力，是保证叠合板装配化施工的关键。目前，叠合板的连接形式主要有 4 种（图 3.21），分别是键槽式、传统式、整体式和密拼式。

键槽式连接是在叠合板板侧拼缝处开齿轮形槽的连接方式。该连接方式只能抵抗剪力，不能传递弯矩。

传统式连接是在板侧拼缝处伸出构造钢筋，并分别弯折至叠合层位置，以增强两块拼接板的拉结力的连接方式。但该种拼接构造存在钢筋传力间断、承载力较低等缺点。

　　整体式连接在拼缝处预留后浇带，预制板侧伸出的纵向受力钢筋搭接锚固在叠合层混凝土中，以实现拼缝两侧钢筋的传力。这种连接方式通过对锚固长度以及钢筋弯折角度的控制提高了叠合板的承载能力及抗裂性能，但后浇带的存在仍需要大量模板支撑，施工不便。

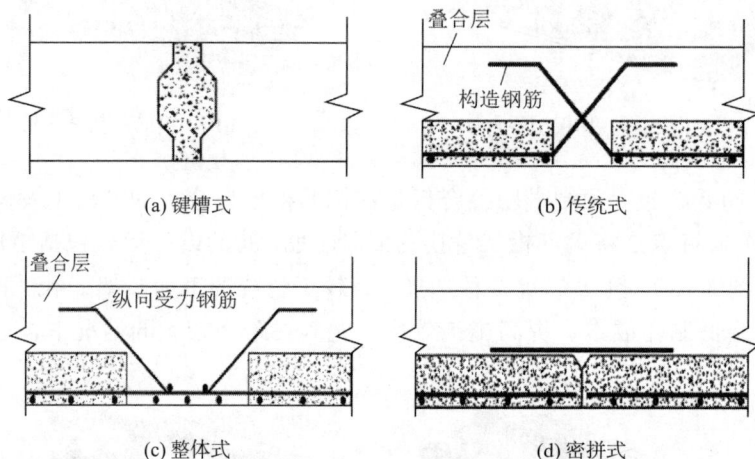

(a) 键槽式　　　　　　　　　　(b) 传统式

(c) 整体式　　　　　　　　　　(d) 密拼式

图 3.21　叠合板的连接形式

　　密拼式连接直接将附加钢筋平铺在预制底板上，最后浇筑叠合层混凝土。相较于整体式拼缝连接，密拼式连接施工简便、构造简单，且传力更加直接，在工程中应用广泛。

3.3　绿色节能减碳技术

　　绿色节能减碳技术是指通过被动式设计最大限度地降低能源需求，通过主动技术最大限度地提高系统效率，充分利用可再生能源，从而使建筑能耗水平较国家标准有一定降低的一种设计技术。

　　我国幅员辽阔，地形复杂。由于地理纬度、地势等条件的不同，各地气候差异悬殊。因此，针对不同的气候分区（严寒地区、寒冷地区、夏热冬暖地区、夏热冬冷地区和温和地区），各地建筑的节能设计都有对应的不同做法。

3.3.1　严寒地区和寒冷地区

　　严寒地区冬季漫长、干冷，多数地方温度低于−18℃，温差较大，主要以沈阳、哈尔滨、吉林等东北城市为典型，严寒地区温度在 0℃以下的时间可维持四个月左右。该区域的建筑必须重点关注建筑围护结构的保温能力。在窗户设置上，既要兼顾住宅采光和通风的需要，也要尽量减小窗户洞口的面积，选用适当的门窗比。在窗户的选用上，要优先选择气密性好、传热系数低的节能型窗户，使窗户的能耗降到最低，以达到最大化节约的目标。

　　（1）无热桥的高效构造保温设计

　　无热桥的高效构造保温性能系统。按照被动式近零能耗建筑设计要求，建筑构件、围护结构和门窗均应具有优良的保温隔热特性，还应使用无热桥构造。围护结构的保温设计在严寒地区尤为重要，建筑物外墙、屋面和地板的传热系数（K）应以达到被动式建筑物的能耗指标为目标，经技术、经济综合分析后选定。

（2）建筑门窗的保温性能设计

建筑门窗的隔热性能是影响严寒和寒冷地区近零能耗建筑节能效率的关键因素，它主要对传热系数、得热系数以及气密性能产生影响。建筑外窗的保温性能设计和遮阳特性应当满足以下条件：在严寒区域外窗传热系数（K）和太阳能得热系数（SHGC）应选择合适配比；严寒区域宜以冬季获得的阳光辐照为主，因此 SHGC 值应尽量选取在上限，同时需兼顾夏季的保温隔热性，保证外窗有良好的气密、水密和抗风压特性。合理的建筑墙窗比同样是自然光利用技术的核心内容。通过采用合理的透明围护结构设计技术，一方面能够充分发挥太阳能的光照和温度特性，另一方面则有效减少了室内的冷热负荷，从而节省了电力消耗。同时，这一设计还显著改善了建筑内部空间的光照环境质量。

（3）高效新风热回收系统设计

在严寒和寒冷地区通过回收排风的余热可大大降低加热、冷却要求，从而不使用或少使用辅助加热供冷系统，这是被动式近零能耗建筑的重要技术。高效新风热回收设计主要使用热能回收设备将新风与排风实现热互换，可将系统设备单位风量风机功耗降至 $0.45W/(m^3 \cdot h)$。热回收装置的新风侧应位于正常压力区内，排风侧应位于正常负压区内，且建议在新风入口安装低阻高效的空气净化设备，提高室内空气质量。新风量应按室内人数或者空调风机启动总数量计算，人均最低新风量按 $30m^3/h$ 计量；系统独立设置控制面板，与外窗开启感应设备相连接。还应设有新风旁通管，在室内外温度变化适宜的过渡时期，新风系统不经过热处理设备可经旁通管直接进入房间，从而降低能耗。新风机组宜做好消声隔振处理，另外在严寒地区的高效新风热回收系统也宜做好防冻措施。最后，在条件允许的情况下，建筑物也可结合太阳能高效节能的特点，联动使用太阳能新风系统。

（4）辅助供暖供冷设计

在严寒和寒冷地区，近零能耗建筑的供暖或供冷应优先采用太阳能、地源热泵等高效新能源，降低传统能源的使用比例。在严寒地区辅助供热源和供冷源，建议优选地源热泵或空气源热泵，其中辅助供暖不应选择集中供热方式。在选用辅助供暖时，除应符合取暖、新风处理等条件之外，还应兼顾满足生活热水条件，并尽量采用太阳能热水系统。在实际施工中，太阳能新风系统、太阳能热水系统等关键技术已获得比较普遍的推广应用。

（5）照明节电新科技的综合应用

首先根据灯具应用功能分析，研究建筑物内对光源类型、灯具、照度指标和管理方式等的具体应用要求，在实现灯具应用功能的基础上分析能耗组成特征。通过改变照明设计方式、选用节能光源照明、优化控制方法等技术手段，探索灯具节能降耗新科技和新方式。在以上研究成果的基础上，对照明系统控制监测的软硬件进行开发，综合使用灯光检测控制模块、噪声监测模组、红外线检测模组和触控模组，并结合光源特点，研发照明节电控制系统。在工作时间上，系统可针对人流状况实现灯光启动时间调整；在空间上，按照人群划分实现照明开启的区域调控；在指标上，按照自然光划分实现自适应的照明调控。最终目标是实现集声控、光控、触摸监测和人体感知功能于一身的绿色照明控制系统，以达到照明节电的目的。

（6）室内地面辐射供暖中央空调控制系统应用

将冷热导管埋设在水泥埋管层中，让低温水在管内循环流淌，从而加热整个地面，并通过热辐射供暖给房间。这种方法可采取"分户计算，分室调节温度"的灵活方式，具备节约资源、安全可靠、操作便捷、使用寿命长以及高效节能等诸多优势。同时，由于室内地面供暖系统不使用风机，因此能耗大幅降低，能有效改善室内环境条件。通常而言，此种供暖方式相较于常规空调系统能够节电 30%以上。

（7）可再生能源的利用

可再生能源主要包括太阳能、风能、水能、地热能等多种类型，有效利用可再生能源技术是可持续发展战略的重要组成部分。太阳能是最广泛、持续的可再生能源，对环境基本无污染，应当大力提倡并在建设中应用。

通过对各建筑物的能耗特性进行分析，发现其重点聚焦于空调、采暖、采光、供水系统等方面。以东北地区为代表的严寒地区，因其采暖期较长，成为我国最主要的能耗区域之一。该地区对太阳能的使用，主要包括太阳能热水系统和太阳能光伏系统两种模式。这得益于该地区太阳光总辐射量高达 $5021.7J/m^2$，非常适合太阳能的发展应用。

由于太阳能的不稳定性等特性，可通过合理布局房屋朝向，实现节能降耗的目标。太阳能在建筑中的利用方式主要是在建筑屋面上安装太阳能组件或设置光伏幕墙，从而实现太阳能资源的转换。这样做不仅能为办公空间提供照明用电，解决建筑住宅的生活热水问题，还能起到建筑隔热和遮阳的效果。

3.3.2 夏热冬暖地区

夏热冬暖地区的天气特点是夏季酷暑，冬天暖和，夏季室外的日平均气温可以达到 35℃，如广东、广西、福建、海南等区域。该地区在冬天一般不集中供暖，所以在建筑设计时要注重考虑冬天防火与夏季隔热。

在房屋建筑设计时，应优先选择可行性强的环保工程措施。为了降低户外温度对室内环境的影响并减少空调的使用量，可以设置有效的隔热层。同时，考虑到夏季该地区雨水充沛，所以在建筑设计上应该充分重视房屋的防水性能，并尽量选择憎水性强的建筑材料。此外，还可考虑在外墙引入植物绿化，这不仅能够美化景观，还能起到良好的隔热效果。此气候分区主要位于珠三角都市圈地带，随着经济的发展，中央空调的普及率也较高，人们对室内空气质量的要求也随之提高，因此，暖通空调系统的制冷能耗成为一个主要问题。

3.3.3 夏热冬冷地区

夏热冬冷地区主要是指长江中下游及其周边地区，范围大致为陇海线以南、南岭以北、四川盆地以东。现代公共建筑大多依赖机械设备来调节室内环境，这导致了极大的能耗。夏热冬冷地区的地面太阳辐射充足，在强烈的太阳辐射下，建筑内若受到阳光的直射将极大影响室内热环境，同时空调耗电量也会相应增加。所以采取必要的遮阳措施至关重要，可以减少太阳直射造成的建筑能耗增加。这些遮阳措施主要分为三类：利用绿植进行遮阳、通过建筑设计实现遮阳、安装专门的遮阳设备。

3.3.4 温和地区

温和地区是指我国最冷月平均温度在 0～13℃，最热月平均温度在 18～25℃，且日平均温度不超过 5℃的天数在 0～90 天的地区，主要包括云南大部分地区、贵州全省、四川西南部和西藏南部等广大区域。温和地区气候条件较为适宜，部分地区冬季需要采暖，而夏季一般不需要采取隔热措施。

为降低冬季室外冷空气对室内热环境的影响，需要从保温和得热两个角度入手。在保温方面，关键在于控制热量的流失，主要包括减少建筑外围护结构的传热失热量、降低门窗缝隙的渗透耗热量以及减少门窗洞口的冷风侵入失热量。在得热方面，应尽可能增加太阳辐射的得热量。通过平衡保温与得热，可以使建筑的得热和失热达到一个稳定状态，从而确保室内温度不受外界气候的显著影响。因此，对温和地区居住建筑在冬季工况下的热工设计而言，在设计时应遵循如下原则：尽量利用太阳辐射得热；适当控制建筑体形系数，加强外围护结构的保温设计；提高门窗的气密性和保温隔热性能。

夏季室内热量的主要来源包括直接太阳辐射、围护结构传热、周围建筑物的反射、室外地面的长波辐射等。可以从三个方面对建筑进行降温设计。一是"防热"，主要是尽可能地降低太阳辐射热对建筑的影响；二是"隔热"，主要是减少由建筑物外围护结构传递给室内的热量；三是"散热"，主要目的是将室内多余的热量尽可能多和快地排到室外。

3.4　固碳技术

固碳技术是指在建筑的全寿命周期（包括材料生产、建筑施工、使用和拆除阶段）内，通过物理、化学或生物等方式将二氧化碳从大气或其他排放源中捕集，并将其固定在固体材料或其他稳定介质中的技术。

3.4.1　建筑材料固碳技术

（1）水泥基材料固碳

① 原理。传统水泥生产是二氧化碳排放的大户，但一些新型水泥基材料可以实现固碳。例如，碱激发水泥是一种新型胶凝材料，它以工业废渣（如矿渣、粉煤灰等）为主要原料，在碱性激发剂的作用下形成具有胶凝性能的材料。在其固化过程中，材料中的活性成分可以与二氧化碳发生碳化反应，将二氧化碳固定在硬化后的水泥基体中。此外，镁质水泥也有良好的固碳性能，它的主要成分是氧化镁。在二氧化碳环境下，氧化镁会与二氧化碳反应生成碳酸镁，从而实现二氧化碳的固定。

② 应用案例。在一些实际建筑项目中，碱激发水泥被用于生产预制构件，如墙板、楼板等。这些预制构件在建筑使用过程中，能够持续吸收二氧化碳，不仅减少了建筑材料自身的碳排放，还能对环境中的二氧化碳起到一定的固定作用。

（2）木材固碳

① 原理。木材在生长过程中通过光合作用吸收大量的二氧化碳，并将其转化为纤维素、半纤维素和木质素等有机化合物，从而实现二氧化碳的固定。当这些木材被用于建筑时，它们所固定的碳就被长期储存在建筑结构中。此外，木材作为一种可再生资源，只要森林资源的管理是可持续的，木材的固碳作用就可以持续发挥。据估算，每立方米木材大约可以储存 $0.9 \sim 1.1 tCO_2e$（tCO_2e 为吨二氧化碳当量）。

② 应用案例。在许多低层、多层建筑中，木材被广泛用于结构框架和室内装修。例如一些现代木结构住宅，木材作为主要的建筑材料，在生长阶段储存了大量二氧化碳，从建筑的全寿命周期来看，在使用阶段依然能够保持碳储存的功能，对建筑碳中和有积极贡献。

3.4.2　建筑结构固碳技术

(1) 混凝土结构中的固碳

① 原理。在混凝土结构中，可以通过添加特殊的添加剂来实现固碳。例如，向混凝土中添加纳米二氧化钛等光催化材料，这些材料在光照条件下可以促进混凝土表面与二氧化碳的化学反应。同时，混凝土的碳化过程本身也可以吸收一定量的二氧化碳。混凝土中的氢氧化钙与二氧化碳反应生成碳酸钙，从而实现二氧化碳的固定。然而，如果传统混凝土碳化过程控制不当，可能会对混凝土的耐久性产生负面影响。但幸运的是，通过合理的设计和使用添加剂，可以在保证耐久性的同时增加固碳量。

② 应用案例。在一些大型基础设施建筑，如桥梁、码头等的混凝土结构中，研究人员正在尝试使用这种固碳技术。通过优化混凝土配合比和应用特殊添加剂，使这些建筑结构在使用过程中能够吸收一定量的二氧化碳。

(2) 钢结构表面涂层固碳

① 原理。钢结构表面的涂层可以被设计成具有固碳功能的材料。一些功能性涂层材料含有能够与二氧化碳发生反应的成分。例如，某些有机-无机复合涂层中的无机成分可以作为吸附位点，有机成分可以与二氧化碳发生化学反应，将二氧化碳固定在涂层表面。钢结构表面涂层的这种固碳功能不仅可以减少二氧化碳排放，还可以保护钢结构免受腐蚀。

② 应用案例。对于工业建筑中的钢结构厂房，通过在钢结构表面涂覆这种具有固碳功能的涂层，在厂房的使用周期内，涂层持续发挥作用，吸收一定量的二氧化碳，同时保持钢结构的稳定性和耐久性。

3.4.3　固碳技术应用优势

(1) 环境效益显著

① 减少温室气体排放。建筑领域是温室气体排放的重要来源之一，而固碳技术则是直接减少大气中二氧化碳含量的有效手段。因此，使用含有固碳功能的建筑材料，对于减少大气中的二氧化碳含量有较好的效果。如新型水泥材料，其在生产过程或使用阶段可以吸收二氧化碳，每使用一吨能够有效固碳的水泥材料，就可以固定一定量的二氧化碳，这有助于建筑行业减少温室气体排放，是实现建筑碳中和目标的关键一环。

② 改善局部空气质量。通过固碳技术降低二氧化碳浓度，也间接地对改善局部空气质量起到积极作用。二氧化碳虽然不是传统意义上的空气污染物，但高浓度的二氧化碳会对环境和人体健康产生一定的负面影响。而且，一些固碳技术可能还会附带吸附空气中其他有害气体的功能。比如，某些具有多孔结构的固碳材料，在吸附二氧化碳的同时，也能吸附少量的二氧化硫、氮氧化合物等污染物，从而净化建筑周边的空气。

(2) 提高建筑材料性能

① 提高材料耐久性。在建筑材料中应用固碳技术，有时可以提升材料的耐久性。以混凝土为例，在其碳化过程中，二氧化碳与混凝土中的氢氧化钙反应生成碳酸钙。适量的碳化反应可以填充混凝土内部的孔隙，使混凝土结构更加致密，从而提高其抗渗性和抗化学侵蚀能力。这意味着建筑结构能够更好地抵抗外界环境因素的影响，延长建筑的使用寿命。

② 优化材料力学性能。部分固碳技术可以优化建筑材料的力学性能。例如，在一些新型

复合材料的研发中，固碳过程可能会使材料的内部结构发生有益的变化。如在镁质水泥固碳过程中，生成的碳酸镁可以增强材料的强度和韧性。这使得建筑材料在承受荷载时更加稳定，为建筑结构的安全性提供了更好的保障。

（3）促进资源可持续利用

① 推动建筑材料的循环利用。固碳技术有利于推动建筑材料的循环利用，一些可以固碳的建筑材料在达到使用寿命后，其所含的碳仍然被固定，并且这些材料可能更容易进行回收和再加工。例如，含有固碳成分的预制混凝土构件，在建筑拆除后，可以经过简单处理后重新用于其他建筑项目，或者作为再生材料用于道路基层等，这样既减少了建筑垃圾，又实现了资源的循环利用。

② 充分利用工业废料作为固碳材料。许多固碳技术可以利用工业废料来实现二氧化碳的固定。例如，碱激发水泥以工业废渣（如矿渣、粉煤灰等）为主要原料，这些工业废料经过适当的处理后，通过固碳反应变成有用的建筑材料，不仅解决了工业废料的处置问题，还降低了建筑材料的生产成本，同时实现了二氧化碳的固定，达到了一举多得的效果。

3.5　碳汇技术

碳汇技术是指能够增加建筑及其周边环境对二氧化碳吸收、存储能力的一系列技术手段。它主要利用自然生态系统和部分人工系统与二氧化碳之间的吸收和固定关系，将大气中的二氧化碳收集起来，从而降低建筑碳排放的净增量。

3.5.1　植被碳汇技术

（1）原理

植物通过光合作用吸收二氧化碳并将其转化为有机物存储起来。在这个过程中，叶绿体中的叶绿素捕获光能，利用光能将二氧化碳和水转化为葡萄糖等有机化合物，同时释放氧气。不同的植物光合作用能力不同，一般来说，叶片表面积大、生长迅速的植物固碳能力相对较强。例如，树木的叶片表面积较大，且生长周期较长，在整个生命周期内能够吸收大量二氧化碳；草本植物虽然个体吸收量相对较小，但如果种植面积大，也能产生可观的碳汇量。

（2）应用形式

① 屋顶绿化。在建筑屋顶种植植被，如景天科植物、草皮等。这些植物可以吸收建筑周围空气中的二氧化碳，减少建筑运营过程中的碳排放。同时，屋顶绿化还能起到隔热降温的作用，降低建筑物室内空调的使用频率，间接减少能源消耗导致的碳排放。例如，在夏季，屋顶绿化可以使室内温度降低 2～5℃，从而减少制冷能耗。

② 垂直绿化（植物墙）。将植物种植在建筑外墙表面，通过植物的光合作用吸收二氧化碳。垂直绿化系统通常包括植物种植模块、灌溉系统和支撑结构等部分。常春藤、绿萝等攀缘植物或者适合壁挂式种植的花卉、多肉植物等都可以用于垂直绿化。这种方式不仅能增加建筑的碳汇，还能美化建筑外观、改善城市景观，并且有助于降低建筑外墙表面温度，减轻城市热岛效应。

3.5.2　土壤碳汇技术

（1）原理

土壤中的碳汇主要是通过土壤微生物和植物根系的共同作用实现的。植物根系在生长过程中会向土壤分泌有机物质，这些有机物质为土壤微生物提供了碳源。土壤微生物分解这些有机物质，一部分碳以二氧化碳的形式返回大气，另一部分则被微生物固定在土壤中，形成土壤有机碳。同时，土壤中的腐殖质能够吸附和储存一定量的碳。在富含有机质的土壤中，腐殖质的碳含量较高，且能够长期稳定地储存碳。

（2）应用形式

① 建筑周边绿地土壤碳汇。合理规划和管理建筑周边的绿地，如增加绿地面积、优化植被种类和种植密度等，可以提高土壤对碳的固定能力。通过添加有机肥料、采用合理的灌溉方式等措施，保持土壤的良好状态，促进植物生长和微生物活动，从而增加土壤碳汇。例如，落叶堆积在绿地土壤上，经过微生物分解后，一部分碳被固定在土壤中。

② 地下空间覆土碳汇（如地下停车场等）。对于有地下空间且顶部覆土的建筑，例如地下停车场顶部的覆土区域，可以利用其作为碳汇。通过在覆土中种植适宜的植物，借助植物根系和土壤微生物的协同作用，可以实现碳的固定。同时，改良覆土的土壤结构和成分，如添加有机物料、改善通气性等，可以提高土壤的碳汇效率。这样不仅能够显著提升建筑的碳汇能力，还能改善地下空间的环境质量。

3.5.3　湿地碳汇技术

湿地是地球上重要的碳储库，在全球碳循环中扮演着极为重要的角色。如果建筑位于湿地周边，需要在建筑开发和运营过程中保护湿地生态系统，避免破坏湿地植被和土壤。同时，可以通过合理的湿地管理措施，如控制水位、防止外来物种入侵等，维持湿地的碳汇功能。

（1）原理

湿地植物（如芦苇、菖蒲等）可以通过光合作用吸收二氧化碳，并且湿地土壤有特殊的厌氧环境，使得有机物质分解缓慢，大量的碳可以长期储存在湿地土壤中。湿地中的微生物活动也在碳循环和碳固定过程中发挥着重要作用。例如，泥炭湿地的碳积累速率相对较高，这是因为泥炭是在长期淹水和缺氧条件下形成的，大量植物残体分解不完全，从而积累了大量的碳。

（2）应用形式

在一些生态建筑设计中，也可以将湿地景观与建筑相结合，利用湿地的碳汇能力来抵消建筑的部分碳排放。湿地碳汇技术的应用形式多种多样，包括水文修复、生境修复、生物修复和水环境修复等。这些技术旨在恢复或提升湿地的碳汇功能，为全球碳循环和气候变化应对作出贡献。

① 水文修复。湿地的水文过程是影响湿地植物物种多样性、群落分布及演替的关键因素。因此，水文修复技术是湿地生态修复的关键技术之一。其主要方法包括调整湿地的水位、增加水文连通性等，以恢复退化的水文环境。水文修复有利于水生植物的生长发育，可以直接提高植物碳储量，进而提高土壤和沉积物的有机碳含量。

② 生境修复。湿地生境修复技术通过人为调控来消减风浪、改良基底等措施，营造适合生物生长繁殖的生境条件。这些措施为生物恢复和生物多样性保护提供基础，从而提高植物的生物量和物种多样性，进而提升湿地的碳汇功能。

③ 生物修复。植物是湿地生态系统的基础，它们不仅可以为水生动物和微生物提供栖息地，还具有净化水质、抑制藻类生长的作用。生物修复技术通过恢复或增强湿地中的植物群落来提升湿地的碳汇能力。这是最有潜力且最直接的协同增汇技术。植物群落的恢复直接提

升了植物碳储量，从而提升了湿地的碳汇功能。

④ 水环境修复。环境污染是造成湿地退化的主要原因之一。水环境修复技术通过对污染物的拦截和去除，减少或消除进入湿地的污染物，从而改善湿地水质。这为湿地植被的恢复提供了条件，有助于提升湿地的碳汇功能。

3.5.4　海洋碳汇技术

海洋是地球上最大的碳汇。对于沿海建筑，可以通过积极保护和恢复近海生态系统，如珊瑚礁、海草床等关键栖息地，来增强海洋碳汇功能。同时，在建筑设计和运营过程中，避免向海洋排放污染物，保护海洋环境，有利于维持海洋的自然碳汇过程。

（1）原理

海洋中的浮游植物通过光合作用吸收二氧化碳，将其转化为有机碳。另外，二氧化碳可以溶解在海水中，以碳酸根离子、碳酸氢根离子等形式存在。海洋中的贝类、珊瑚等生物，通过形成碳酸钙外壳也可以固定大量的碳。而且，海水的垂直混合和洋流运动可以将海洋表层吸收的二氧化碳输送到深海进行长期储存。

（2）应用形式

海洋碳汇技术的应用形式主要有海洋物理固碳、深海封储固碳、海洋生物固碳、海滨湿地固碳等。

例如，一些沿海地区的生态旅游建筑项目可以结合海洋生态保护措施，宣传海洋碳汇知识，促进海洋碳汇的可持续利用。

① 海洋物理固碳。

原理：通过海洋物理泵的作用，使海水中的二氧化碳-碳酸盐体系向深海扩散和传递，最终形成沉积于海底的钙质软泥，从而起到固碳作用。

影响因素：水体温度的变化会影响海水中二氧化碳的溶解度，二氧化碳的溶解度随温度的降低而升高。因此，冬季和春季的海水低温期是吸收二氧化碳的"碳汇期"。

② 深海封储固碳。

原理：向深海注入的二氧化碳会与水形成一种有固态外壳的水合物，这层外壳限制了二氧化碳与海水的接触。当海水深度大于 3000m 时，液态二氧化碳表面能形成稳定的水合物外壳，从而实现固碳。

效果：由于液态二氧化碳的相对密度大于海水，因此液态二氧化碳会自动下沉到海床。在深海水压作用下，液态二氧化碳会沉积不动。专家们预计，在深海海底的液态二氧化碳可以稳定隔离 2000 年以上。

③ 海洋生物固碳。

藻类固碳：海藻能够有效地利用太阳能，通过光合作用固定二氧化碳，将无机碳转化为有机碳。研究表明，大型海洋藻类养殖水域面积的净固碳能力分别是森林和草原的 10 倍和 20 倍。

珊瑚礁固碳：珊瑚礁是地质历史上石灰岩的最主要物质来源，也是现代海洋中最重要的固碳生物群。珊瑚群落的繁盛需要高水温和良好的光照条件。珊瑚礁又是各种藻类发育的良好藻床，也是各类底栖生物、浮游动物的繁育生长场所，因此珊瑚礁的固碳作用非常大。随着海平面变化，珊瑚虫死亡后，其礁体被埋藏后可直接转化为石灰岩，成为永久固碳的最佳方式之一。

贝类固碳：海洋贝类通过滤食水体中的悬浮颗粒有机碳，促进其软体组织的生长，并由软体组织的外套膜分泌物形成贝壳。在贝壳的成分中，碳酸钙约占95%。贝类表现出软体组织生长和贝壳形成两种固碳方式。养殖贝类贝壳重量约占总重量的60%。海洋中每产生1t的贝类，仅贝壳就可固定二氧化碳当量0.25t。

海洋生态体系固碳：海洋上层的浮游植物通过光合作用生长繁殖，将二氧化碳转化为自身的组成部分。随后在食物链演进过程中，通过生物代谢和死亡，形成颗粒碳沉积到深层海洋，加快了悬浮颗粒物质在水体中向海底的垂直运移。这种方式被认为是碳从海洋浅层向海底输送的主要途径之一。

④ 海滨湿地固碳。

原理：湿地是地球上具有独特功能的生态系统，在全球碳循环中发挥着重要作用。湿地在植物生长、促淤造陆等生态过程中积累了大量的无机碳和有机碳。湿地土壤水分呈过饱和状态，具有厌氧的生态特性，土壤微生物活动相对较弱，因此湿地积累的碳形成了富含有机质的湿地土壤，具有较高的固碳潜力。

效果：全球沿海湿地的分布面积大约为20.3万平方千米，每年的固碳量约为45000万t。

3.5.5 碳汇技术应用优势

(1) 环境效益方面

① 有效降低大气中二氧化碳的浓度。碳汇技术通过植物光合作用、土壤固碳、海洋固碳等方式，将大量的二氧化碳从大气中吸收并储存起来，能够直接减少建筑周边及更大范围内的二氧化碳含量，对于缓解温室效应、应对气候变化具有重要意义。例如，建筑周边的大面积绿化植被可以不断吸收空气中的二氧化碳，起到很好的碳减排效果。

② 改善空气质量。植物在进行光合作用吸收二氧化碳的同时，也会吸收其他有害气体和颗粒物，如二氧化硫、氮氧化合物、粉尘等，能够有效净化空气，改善建筑周边的空气质量，为人们提供更加健康、舒适的生活和工作环境。

③ 保护生物多样性。碳汇技术的应用往往与生态系统的保护和修复紧密相关。例如，通过营造湿地、恢复森林等措施来增强碳汇能力。这些生态系统为众多生物提供了栖息地和食物来源，有利于保护生物的多样性，维护生态平衡。

(2) 经济效益方面

① 降低建筑运营成本。在建筑中应用碳汇技术，例如屋顶绿化、垂直绿化等措施，可以起到隔热、保温的作用，从而减少建筑在夏季的制冷能耗和冬季的采暖能耗。这样一来，能够降低建筑的能源消耗，进而降低建筑的运营成本。从长期来看，碳汇技术的应用可以为建筑所有者带来显著的经济效益。

② 创造碳交易机会。在碳市场不断发展的背景下，建筑通过应用碳汇技术所实现的碳减排量能够被量化为可交易的碳信用额度。建筑所有者可以将多余的碳信用额度在碳市场上出售，获得额外的经济收益，这也为建筑碳中和的实现提供了一定的经济激励。

③ 带动相关产业发展。碳汇技术的推广和应用需要相关技术支持、设备供应、工程建设等，这将带动一系列相关产业的发展，如园林景观设计、土壤改良技术、碳监测设备制造等，创造更多的就业机会，实现经济增长。

(3) 空间利用方面

① 充分利用建筑空间。对于城市中的建筑来说，土地资源往往非常紧张。碳汇技术中的

屋顶绿化、垂直绿化等可以充分利用建筑的屋顶、外墙等闲置空间，在不占用额外土地的情况下增加碳汇量，提高城市的绿化覆盖率，改善城市的生态环境。

②与建筑设计相结合。碳汇技术可以与建筑的设计和建造相结合，成为建筑的一部分。它不仅能够实现碳汇功能，还可以为建筑增添独特的景观和美学价值。例如，一些建筑设计采用了绿色植物墙作为建筑的外立面装饰，既美观又环保。

（4）可持续发展方面

①促进建筑行业的可持续发展。碳汇技术是实现建筑碳中和的重要手段之一，符合可持续发展的理念。在建筑行业推广碳汇技术，有助于推动建筑行业向绿色、低碳、环保的方向发展，提高建筑行业的可持续性，为建筑行业的长远发展奠定基础。

②增强建筑的适应性。随着气候变化的影响日益加剧，极端天气事件频繁发生，建筑行业面临着越来越多的挑战。碳汇技术可以增强建筑周边生态系统的稳定性和适应能力，提高建筑抵御气候变化的能力，减轻气候变化对建筑的负面影响。

在线习题

本章习题请扫二维码练习。

第4章
建筑节能减碳技术

4.1　概述

在建筑设计、施工和运营过程中，通过应用节能减碳技术，降低了能源消耗，提高了能源利用效率，并减少了与建筑相关的碳排放。节能减碳技术有很多，如利用太阳能、风能等可再生能源为建筑提供能源，是一种有效的减排手段；在建筑屋顶安装太阳电池板，可以将太阳能转化为电能，满足建筑内部的电力需求，从而减少对煤炭、石油等化石燃料的依赖，减少碳排放。此外，引入智能能源管理系统可以实现对能源消耗的精细监控和调控，实时监测室内外环境、能源使用情况等信息；系统可以自动调整供暖、制冷和照明等设备的运行状态，最大限度地减少能源浪费，从而减少碳排放。

4.2　化石能源节能减碳技术

4.2.1　煤炭的节能减碳技术

煤炭的节能减碳技术是一系列用于减少煤炭在开采、加工、运输和利用过程中能源浪费和二氧化碳排放的技术手段。

（1）煤炭开采阶段

充填开采：用矸石等材料充填采空区，控制地表沉陷，减少土地破坏与修复成本，同时减少矸石堆积导致的甲烷排放及新材料开采能耗。

保水开采：保护地下水资源，减少矿井排水能耗，维持矿区生态平衡，减少间接温室气体排放。

（2）煤炭加工阶段

洗选技术：去除杂质，提高煤质，使燃烧更充分，减少污染物与二氧化碳排放。

提质技术：将低品质煤转化为高品质煤，降低水分，提高热值，减少二氧化碳排放，且使煤炭燃烧更稳定、高效。

（3）煤炭运输阶段

从公路运输转向铁路或水路运输，并优化路线，减少运输能耗与二氧化碳排放。

（4）煤炭利用阶段

高效燃烧：循环流化床燃烧技术通过煤炭在流化床上燃烧，吸收二氧化硫，提高热效率，减少污染物与二氧化碳排放。

清洁转化：煤炭气化技术可以将煤炭转化为合成气，这种合成气可用于化工生产或发电。该技术效率高且可脱除污染物，降低二氧化碳排放。

4.2.2　石油的节能减碳技术

（1）石油勘探阶段

运用高精度地球物理勘探技术精准定位石油资源，减少钻探能耗与二氧化碳排放。

（2）石油开采阶段

① 提高采收率。化学驱油通过注入药剂提高采收率，减少新油井建设与开采能耗及二氧化碳排放。二氧化碳驱油通过注入二氧化碳驱油并封存，增加产量且减少二氧化碳排放。

② 智能油井。通过安装传感器等实现实时监测与自动控制，依参数调整抽油机，减少能源浪费与二氧化碳排放。

（3）石油运输阶段

① 优化管道运输。智能监测维护管道，减少泄漏；优化泵站布局与运行参数，采用变频调速技术减少能耗。

② 油轮运输节能。安装节能设备，优化动力系统，减少燃油消耗与二氧化碳排放。

（4）石油炼制阶段

① 炼化一体化。炼油与石化生产相结合，可以优化资源利用，减少中间环节，提高能源利用效率，降低燃料消耗，减少二氧化碳排放。

② 先进的催化技术。新型催化剂可提高石油炼制反应效率，减少焦炭生成，减少能源消耗与二氧化碳排放，部分还可降低污染物排放。

（5）石油产品使用阶段

① 高效燃烧（以车用为例）。直喷式发动机技术通过精确控制燃油喷射，提高燃油经济性，减少二氧化碳排放。涡轮增压技术通过增加进气压力，提高燃烧效率，从而减少燃油消耗与二氧化碳排放。

② 石油替代。生物燃料以植物油或动物脂肪为原料，燃烧时二氧化碳排放量低，可实现碳循环。天然气应用于交通运输领域，燃烧效率高，二氧化碳排放量低。

4.2.3　天然气的节能减碳技术

天然气的节能减碳技术是在天然气产业链各个环节中应用，用于降低能源消耗和减少二氧化碳及其他温室气体排放的一系列技术手段。

（1）天然气开采阶段

① 高效钻井。采用先进钻头与智能钻井系统，提高钻井效率，减少能源消耗与二氧化碳排放。

② 提高采收率。在非常规天然气藏开采中，水力压裂技术通过精准控制各项参数，提高采收率，减少能源消耗与碳排放。此外，研发新型压裂液也是降低碳排放的一个重要途径。

（2）天然气运输阶段

① 管道运输优化。内涂层技术通过在管道内壁施加涂层降低摩擦力，从而提高输送效率，减少泵站能耗。压缩机与智能控制优化通过采用新型压缩机与智能控制系统，根据流量、压力等调整运行参数，避免能源浪费。

② 液化天然气（LNG）运输节能。双燃料发动机的应用：LNG 运输船采用双燃料发动机，优先使用天然气，以减少碳排放，并优化发动机设计来提高效率。

船形设计优化：流线型船体设计可减少水阻力，从而减少能源消耗与二氧化碳排放。

（3）天然气储存阶段

天然气储存阶段的节能减碳技术主要是地下储气库技术优化。

先进注采系统：通过精确控制注采流量与压力、优化注采井参数，以减少能量损失，提高天然气储存利用效率，减少碳排放。

监测技术应用：利用微地震与压力监测等技术实时监测，及时防范泄漏等问题，减少天然气浪费与温室气体排放。

（4）天然气利用阶段

① 高效燃烧技术。联合循环发电：通过燃气轮机与蒸汽轮机联合发电，提高发电效率，减少天然气消耗与二氧化碳排放。

高效燃烧器的应用：采用预混燃烧器等使天然气与空气充分混合，完全燃烧，提高热利用效率，减少能源消耗与碳排放。

② 天然气分布式能源技术。天然气发电、供热、制冷集成系统能够实现冷热电三联供，提高能源利用效率。该系统还可与可再生能源相结合，进一步优化能源结构，减少碳排放。

4.2.4 其他节能增效技术

（1）能源管理系统（EMS）技术

基于计算机与自动化控制技术，实时监测能源消耗情况，采集电、水、气等能源数据。通过数据分析找出能源浪费环节，为企业制订节能控制策略，如分时控制高能耗设备、优化设备启停顺序等。据统计，采用 EMS 技术后企业或建筑的能源消耗可降低 10%～30%。

（2）高效电机技术

高效电机技术通过优化电磁设计，包括使用高性能磁性材料和改进绕组设计等，能够降低电机铜损和铁损，提高磁场强度和稳定性。此外，配备先进的冷却系统可确保电机在高负载运行时有效散热。部分电机还采用了变频调速技术，能够根据负载需求自动调整转速，实现节能效果。高效电机技术广泛应用于多领域，工业领域使用高效电机可使电机系统能耗降低 15%～25%。

（3）余热回收技术

回收工业过程和能源转换中产生的余热，企业能够显著降低能源消耗和减少碳排放。例如，热管换热器被用于高温废气余热回收，将回收的热量传递给需加热的介质；板式换热器用于化工反应余热回收，实现原料预热。据估算，企业通过余热回收可降低 10%～20%的能源消耗，减少燃烧化石燃料带来的二氧化碳排放。

（4）高效照明技术

发光二极管（LED）照明作为主要的高效照明技术，其电能转化为光能的效率在 80%以上，远超白炽灯。LED 灯组成的智能照明系统可依环境光强度、人员活动自动调节照明亮度，在建筑照明领域可使能耗降低 50%～70%。

（5）变频调速技术

变频器通过改变交流电机电源频率实现转速调整。变频器在风机、泵类、空调等设备中应用广泛，可根据负载变化调整设备运行速度。如风机可根据流量需求调整转速，降低功率消耗。变频器在风机、泵类设备中可使能耗降低 30%～60%，在空调等制冷设备中节能效果达 20%～40%。

4.2.5 工艺改造与节能意识

4.2.5.1 工艺改造

（1）定义

工艺改造是指通过对工业生产流程、设备、技术等环节进行系统性优化与革新，提升生产体系的综合效能。其核心是通过科学手段重构生产模式，实现资源的高效利用。

（2）目的

工艺改造的目的包括：缩短生产周期，增强产能稳定性，提高生产效率；减少工艺缺陷，优化产品性能，提升产品质量；减少能源消耗、原材料浪费及人工成本，降低综合成本；通过清洁生产和资源循环利用，降低污染排放，减少对环境的影响。

（3）具体方式

设备升级：如在钢铁生产中，采用大型现代化高炉替代小型低效高炉，并配备先进炉衬材料和燃烧系统，以提高铁水产出率，降低单位能耗。同时，大型现代化高炉具备自动化控制功能，可进一步优化生产过程。

流程优化：以制药工业为例，通过采用集成化反应和分离技术，减少中间产物的储存和转运环节，降低能源消耗，提高产品纯度。

引入新技术和新材料：在电子制造领域引入极紫外光刻技术制造芯片，不仅提高了芯片的性能和集成度，还降低了能源消耗和材料浪费；在高温工业过程中使用新型隔热材料，能有效减少热量散失，从而提高能源利用效率。

节能效果评估：通过计算单位产品能耗变化、对比改造前后能源利用效率指标（如热效率、电效率）等评估节能效果。

4.2.5.2　节能意识

（1）定义与重要性

节能意识是个人或组织对能源节约重要性的认知、理解和积极态度，对企业可持续发展和个人环保行为意义重大。

（2）培养方式

教育宣传：通过学校教育、社会公益广告、企业内部培训等方式传播节能知识。学校可将能源知识纳入课程体系，社会公益广告可展示节能的重要性。

激励措施：政府可对节能型企业给予税收优惠、财政补贴；企业内部可通过设立节能奖励制度，激发员工节能积极性。

文化建设：企业可营造节能文化氛围，制订节能准则规范；社区可通过组织节能活动，增强居民节能意识和社区凝聚力。

4.3　绿色建筑能量利用的节能减碳技术

绿色建筑是指在建筑的全寿命周期内，最大限度地节约资源（节能、节地、节材）、保护环境和减少污染，为人们提供健康、适用和高效的使用空间，与自然和谐共生的建筑。它注重建筑与环境的协调发展，通过采用高效的能源利用系统、环保的建筑材料、合理的设计布局等手段，降低建筑对环境的影响，同时提高建筑的能源利用效率和居住舒适度。随着全球对环境保护和可持续发展的重视，绿色建筑理念逐渐得到广泛关注和推广，在建筑领域产生了深远影响，至今仍在持续发展和深化。在绿色建筑中，应用有节电、节水、节气等技术，这些是建筑领域主要的能量利用的节能减碳技术。

4.3.1　节电技术

节约能源、保护环境是我国经济和社会发展的长远战略方针，而节约用电是节能工作的重要组成部分。在建筑领域，节电技术对于建筑的减碳、实现"双碳"目标具有关键作用，以下主要介绍与建筑的减碳关系密切的照明节电技术和空调设备节电技术。

4.3.1.1 照明节电技术

照明用电在建筑能耗中占有一定比例，降低照明用电负荷是建筑节电的重要环节。在保证合理有效照明与亮度的条件下，可通过以下方式实现照明节电：

① 合理确定不同工作地点的照度：依据工作场所的环境特点，按照国家相关照明标准，合理选定照度并适当留有余量，以补偿光源老化和表面积尘导致的光通量降低，避免能源浪费。

② 加强照明供电电压的管理：照明供电电压波动会影响电灯的各项参数，电压过高会缩短电灯寿命，过低则会使光通量减少、照度降低。因此，要加强对照明供电设备的运行管理，确保照明器端电压的电压偏移在设计允许范围内。

③ 推广使用照明节电装置：积极推广各种照明节电技术和控制装置，如智能照明系统，可根据环境光强度和人员活动情况自动调节照明亮度，有效降低照明负荷，减少不必要的照明时间。

④ 合理确定照明方式、节约照明负荷：在进行企业室内照明设计时，应根据生产和工作性质及特点，按照各工作部位对照度的不同要求，合理选择照明方式。一般照明适用于工作位置密度大且对光照方向无特殊要求的场所；局部照明适用于局部地点要求高照度且对照射方向有要求的区域；混合照明则适用于工作位置需要较高照度且对照射方向有特殊要求的场所。在采用混合照明时，要注意控制工作面与周围环境的照度差，避免工作人员视力疲劳，一般照明和局部照明的照度比可采取 1∶3 或 1∶5，最大不宜超过 1∶10。

4.3.1.2 空调设备节电技术

空调系统是建筑能耗的主要组成部分，对其进行节能优化对于建筑实现碳中和至关重要。以离心式制冷机和冷水机为例，可采取以下节电措施：

（1）离心式制冷机的节电技术

① 改善热交换器的传热性能。离心式制冷机大多以水-水制冷机为主流，其蒸发器和冷凝器的传热性能对能耗影响较大。采用核态沸腾传热管和高性能传热管，可提高传热效果，降低蒸发温度与冷凝温度之差，减少压缩机所需动力，从而降低能耗。改进后的管壳式热交换器在保证耐压、气密性和维护便利性的同时，能使冷水出口和制冷剂蒸发、冷却水出口和制冷剂冷凝的温度差（LTD）在 0.5～2.5℃，节能效果显著。

② 制冷循环的节能。制冷循环有多种类型，其中节能循环的节能效果较为突出。在节能循环的冷凝器和蒸发器之间形成中间压，并保持该压力，原则上需在压缩过程中设置 2 个以上的叶轮，节能器需连接在中间段上。若在节能循环基础上增加过冷却器，还能进一步降低比动力。

③ 压缩机结构的节能。压缩机的能耗与叶轮、扩压器和蜗壳的设计相关。部分负荷时，采用开式叶轮可通过机械加工调整叶轮直径和宽度，使其与温度和制冷能力相匹配，保持高效率。此外，还可采用进气口导压阀、扩压器调节、热气体旁通控制和转速调节等多种方法调节制冷能力。对于热回收型离心式热泵，设置 2 台压缩机分别供夏季和冬季使用，可有效降低能耗并互为备用。

④ 对影响制冷机能耗的因素进行节能分析。冷水温度、蒸发温度、冷却水温度和水量等因素都会影响离心式制冷机的能耗。提高冷水温度和蒸发温度、降低冷却水温度和冷凝温度，可提高节能效益。在部分负荷时，采用冷水变流量方式可实现水泵节能，但要确保流量不低于 50%，防止冷水冻结。同时，增减冷却水量的变流量应综合考虑水泵动力减少和制冷机动

力增加的情况后选定。

⑤ 定期维护制冷机，保证节能效率。制冷机使用多年后能耗会发生变化，如离心式制冷机内部出现气体短路或表面粗糙现象时，会产生能量损失。因此，应定期对制冷机进行检查维护，至少每年 1 次，包括更换润滑油、检查电气仪表、检查传热管污染和腐蚀状况等。压缩机的主要部件（轴承、叶轮、密封等）一般每 5 年或运行 20000h 后需更换，以保证机器处于最佳运行状态，降低能耗。

（2）冷水机的节能

冷水机部分负荷时能力与能耗的关系：冷水机在部分负荷运行时，其冷却能力比率与消耗电力比存在一定关系。例如，当冷却能力比率为 50% 时，在冷却水入口温度为 32℃ 的条件下，消耗电力比约为 47%，性能系数（coefficient of performance，COP）相对于 100% 负荷运转时约提高 6%。这是因为负荷在 50% 时，能更有效地利用热交换器的传热面积，使压缩机运行压力平衡点发生变化，提高了运行效率。一般情况下，冷水机不采用改变冷水量、冷却水量的变流量方式。与定流量方式相比，变流量方式的部分负荷特性降低 2%～5%，但变流量方式能减少泵的动力消耗。因此，应通过空调全系统比较后选择有利的方式，将流量控制在厂家规定的范围内，避免水冷却器发生冻结事故。

主机和辅机的能耗：从冷水机单体来看，压缩机消耗了绝大部分能量，如额定功率为 37kW 的冷水机，压缩机消耗的电能占 99% 以上。在大型公共建筑空调用电力消耗中，冷水机的制冷机占 37%～66%，泵占 12%～22%，风机占 11%～37%。因此，除了对冷水机本身进行节能优化外，还需对泵、风机采取相应的节电措施。例如，提高水温差可减少泵的动力消耗，但受热源机器、风机动力增加和水量分配不均等因素限制，水温差不能太大。冷却水系统可通过冷却塔控制冷却能力、改变电动机极数的风机风量控制方法和冷却水循环泵的控制方法等实现节能。

4.3.2　节水技术

建筑节水主要有三个方面：一是减少用水量；二是提高水的使用效率；三是减少水的漏损。具体可以从以下几个方面推进：降低管网漏损率；推广节水器具的应用；回收利用雨水，处理并再利用中水；严格执行节水标准并采取有效的节水措施。我国已经出台了相关法规，积极探索改进措施以提高施工水平、加强产品管理和监督机制，加强建筑节水措施的管理和落实。

人们在使用水的过程中会有水的浪费。这种浪费主要有：一是超压出流。超压出流会使给水系统中水量分配不均衡，造成浪费；水压过大还可能导致管道容易损坏而产生水的浪费。二是热水系统的无效冷水。在使用热水时，水管中的水往往不能达到所需的温度，必须先放掉原来的冷水，这部分冷水就会被浪费。三是管道及阀门泄漏。

4.3.2.1　减少超压出流

超压出流是指因给水配件前的水压过高而引起给水流量大于额定流量的现象。

超压出流的不良影响如下：①用水时若水压太大，水的冲击力很强，会造成水花飞溅，使用不方便。②压力过大会使给水系统中水量分配不均衡。低层用户会因压力优势分配到大部分的水量，而高层用户用水量必然受到影响，可能出现缺水或断水的现象。③水龙头启闭时会因水压过大而出现管道振动和水击现象，并伴有噪声。管道频繁振动可能会磨损配件，使其使用寿命缩短，并可能在管道连接处出现漏水现象，严重时损坏管道，加剧水的浪费。

　　绿色建筑是以节能节水为基础的，若要在节水方面达标，必须控制超压出流。设计者可通过优化系统设计、选用减压装置及合理选择给水配件，从多方面入手有效减少超压出流的水量。

　　① 给水系统设计中合理限定配水点的水压。《建筑给水排水设计标准》（GB 50015—2019）规定，住宅入户管供水压力不应大于 0.35MPa；非住宅类居住建筑入户管供水压力不宜大于 0.35MPa。在《绿色建筑评价标准》（GB/T 50378—2019）中也有类似的限定，用水点处水压大于 0.2MPa 的配水支管应设置减压设施，并应满足用水器具最低工作压力的要求。同时，该标准规定，给水系统设计时应采取措施控制超压出流现象，应合理进行压力分区，并适当采取减压措施，避免造成浪费。

　　② 采用一定的减压措施。不管是既有建筑还是新建建筑，都应考虑在水压较高处逐步配置减压装置，以减少超压出流。主要措施如下：

　　a. 设置减压阀。通过对几处建筑的入户支管设置减压阀，测试其出水量，发现所测试的楼层中，没有一处处于超压出流状态。这说明减压阀的作用得到了充分体现，出水流量大大减小。

　　b. 设置减压孔板。其原理是通过消能作用降低给水配件前的剩余水压，以平衡给水系统的供水压力，减少水资源浪费；其优点是构造简单，经多年研究及检验，已标准化；其缺点是只支持动压减少，对静压不起作用，且稳定性不够，在水质差的地区，容易堵塞板孔。因此，使用前应注意水质和水压问题。

　　c. 设置节流塞。节流塞与减压孔板类似，主要安装在小管径供水管及配件上。

　　③ 采用节水龙头。节水龙头的使用能有效减少出水流量，达到较好的节水效果。为控制超压出流，减少水资源浪费，在建筑中（特别是在超压供水点）应安装节水龙头以达到节水的目的。

4.3.2.2　分质供排水

　　采用统一标准供给生活、生产中所需的各类用水，不充分考虑其用途，会产生水的浪费。水被广泛应用于生产生活的各个方面，不同领域和不同对象对水质的需求各不相同。如果仍采用传统的供水方式，势必造成水资源的极大浪费。同时，人们对饮用水水质的要求不断提高，统一的供水方式已难以满足使用者的需求。因此，实施分质供水迫在眉睫。

　　此外，根据当地的实际情况有效利用降水和海水资源，也是缓解水资源紧缺的有效途径。

（1）供水系统

　　① 常规市政供水系统。现行的常规市政供水系统如下：

　　a. 共用低压供水系统。生活用水和消防用水都是来自市政供水系统的直接输水。该系统无须设置泵房及高位水箱，但只适用于市政给水管网的水量和水压都能满足使用要求的场合。一旦在同一时间内用水量增加，就可能导致水量减少和水压下降，从而影响正常的取水、用水。

　　b. 分散加压供水系统。建筑中设有独立的加压泵房，每个泵房都服务于指定的供水对象。一般情况下，低层用户由市政供水系统直接供水，而高层用户则通过水泵加压后供水。

　　c. 集中加压供水系统。集中修建加压泵房进行供水，该系统适用于特定区域供水。当建筑高度变化不大时，供水压力应根据最不利给水点所需水压来确定。

　　② 分质供水。依据不同用途，分质供水一般分为优质饮用水、市政供水和中水（再生水和雨水）三种。

a.市政供水和优质饮用水。传统的市政供水主要用于满足人们日常生活中的做饭、洗涤、洗浴等需求；而优质饮用水则是指对市政供水进行进一步深度净化处理后，达到可直接饮用标准的水，即直饮水。直饮水的输送需要在原有给水管网上增加一条单独的管道输送给用户。这种方法目前存在比较大的争议，主要是因为其经济性和合理性尚待进一步评估。

b.中水。中水是品质低、不适合饮用的水，主要来源于生活污水和冷却水，可分为三类：第一类是水质较好的杂排水，包括雨水、空调冷却水、浴室排水等；第二类是厨房杂排水；第三类是水质最差的厕所及其他杂排水。我国中水利用在单体建筑、大型综合建筑群中都有较好的运用实例。

（2）排水系统

① 常规排水系统。我国现有的住宅及公共建筑大部分都采用污水废水合流的排水系统，即生活污水、废水（如粪便污水、洗浴废水和厨房废水）通过同一套管道共同进入化粪池，随后进入市政排水管道。这样的排水系统浪费了大量污染程度不高的废水，同时加大了后续管道和污水处理厂的处理压力。

② 分质排水。随着全球水资源日益短缺，人们越来越重视对污水的回收利用，从而催生了建筑内部的分质排水概念。分质排水是一种根据排水的污染程度及污水回收后的使用目的，分别收集、排放及处理污水的方式。主要的做法是在建筑内部设置两套独立的排水管道系统：杂排水管道和粪便污水管道。前者主要负责收集各种杂排水，并输至中水系统进行处理，处理后的水可用于园林绿化、道路清洁、冲厕洗车、消防和水景等；后者主要负责收集便器污水，这些污水经化粪池处理后再排入市政管道。

4.3.2.3　中水回用

（1）中水系统概述

建筑中水是指建筑物中生活杂排水经过单独收集、处理，水质达到使用标准后回用于建筑内的杂用水。中水的概念最初源于日本，其水质比饮用水水质差，但优于城市污水，区别于城市上（给）水和下（排）水的水。主要用于不与人体直接接触的杂用水，如灌溉城市绿地、喷洒清洗道路、城市景观用水、农业灌溉、洗车、工业冷却水、冲洗厕所、消防等。

中水回用的要求：安全，对人的健康无害，对环境和卫生不造成影响，不影响产品质量；水质达到相应的使用标准，同时使用者在心理上可接受；技术经济可行，有竞争力；对使用者要进行安全用水的教育。

中水回用早在 20 世纪中叶就已出现，在 1926 年，美国亚利桑那州把废水处理后回用于灌溉、冲厕、工业冷却和锅炉用水。20 世纪 60 年代日本开始研究和推广中水回用技术，20 世纪 70 年代日本出现水荒，曾迫使政府长时间实行限量供水。这也使得人们意识到中水回用的重要性，从 1980 年建成 200 多项中水工程到 1983 年的 473 个中水项目，截至 20 世纪末，日本全国投入使用的中水设备多达 1963 套。

我国最早是在 20 世纪末开始研究中水技术的，如北京某小区中水回用工程研究和北京市生态环境保护科学研究院中水试点工程等。之后我国在这方面进入推进阶段，发展至今，中水回用技术将成为节约水资源、解决用水危机的主要出路之一。

（2）中水水质

① 中水水源的水质。经济发展水平的不同，不同地区和季节变换及居民生活习惯的差异

导致中水的水质有很大的差异。但总体来讲，对于室内排水，中水水源通常采用优质杂排水（除粪便污水和厨房排水外的各种排水）、杂排水（冷却排水、游泳池排水、沐浴排水、盥洗排水、洗衣排水、厨房排水）和综合生活污水这三种类型的污水。我国《建筑中水设计标准》（GB 50336）给出了以上三种排水的综合水质标准参考范围，见表4.1。

表4.1　各类型排水综合水质标准

项目	原排水类别		
	优质杂排水	杂排水	综合生活污水
生化需氧量/（mg/L）	50～80	80～150	150～200
化学需氧量/（mg/L）	90～150	100～250	250～400
悬浮物/（mg/L）	80～130	60～150	200～300

若选用中水作为水源，优质杂排水应为首选，其次是杂排水，最后才考虑选用水质最差的生活污水。

②中水回用水的水质。回用水的用途不同对水质的要求也不一样，具体如下：

a.卫生。任何用水都是以卫生为前提的，中水同样如此，要保证用水安全，必须控制污染物的含量。

b.感官。人的感觉器官对中水的使用不应产生不快或不适的感觉；水质浊度应达标、无异常颜色和气味。

c.中水酸碱性、化学性污染的控制。防止在使用中因管道及设备的腐蚀、老化或结垢而堵塞。

（3）中水系统

建筑中水系统主要分为三个部分：中水原水系统、中水处理系统和中水给水系统。各个系统共同组成一体的系统工程，相互依赖、不可分割。中水系统是综合了给水、排水、水处理和建筑环境等技术的有机整体。

根据系统服务范围大小，建筑中水系统可分为如下两类：建筑内中水系统和建筑小区中水系统。

①建筑内中水系统。建筑内中水系统主要服务于单栋建筑物或几栋相邻建筑物。这种系统的水源主要来自建筑本身产生的优质杂排水，而建筑内的生活污水不在其中。该系统的特点是基建投资少、系统流程简单、效果好。它适用于饭店、宾馆等大型公共建筑及办公楼，但是处理费用较高。其系统图如图4.1所示。

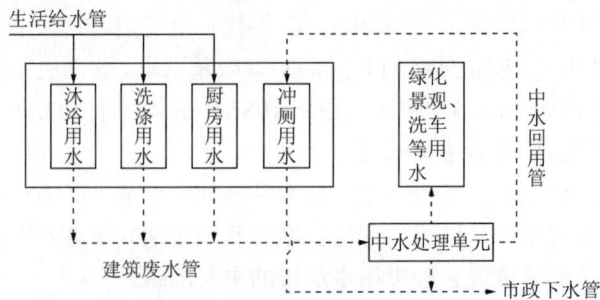

图4.1　建筑内单循环中水系统

② 建筑小区中水系统。建筑小区中水系统主要是服务于多栋建筑或小区域范围。这种系统将服务区内产生的各种生活废水等收集、处理、消毒达标后，通过中水供水系统进行供水。该系统的特点是工程规模较大、水质和管道较复杂、处理费用较低。它适用于建筑小区、学校、宾馆、机关单位等大型公共建筑。建筑小区的中水系统如图4.2所示。

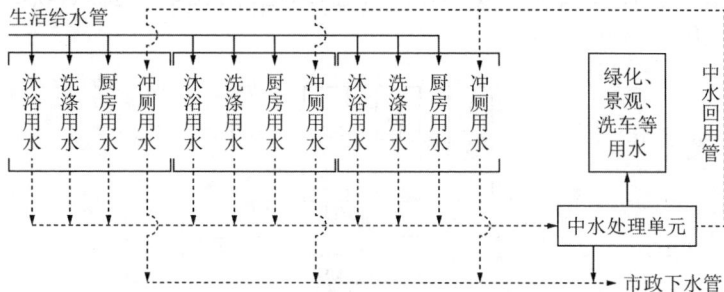

生活给水管

| 沐浴用水 | 洗涤用水 | 厨房用水 | 冲厕用水 | 沐浴用水 | 洗涤用水 | 厨房用水 | 冲厕用水 | 沐浴用水 | 洗涤用水 | 厨房用水 | 冲厕用水 |

绿化、景观、洗车等用水

中水回用管

中水处理单元

市政下水管

图 4.2　建筑小区中水系统

4.3.2.4　雨水利用

（1）雨水利用概述

雨水利用是指在一定范围内采取各种措施保护和利用雨水资源。雨水利用通常有三种形式：一是在特殊面上进行收集，收集到的雨水经过简单处理后直接回用；二是利用各种天然或人工的水体对雨水进行调蓄和净化，改善城市水环境；三是通过各种渗透设施让雨水进入地下，补充日益紧缺的地下水资源。

雨水收集的方法有很多，可以用硬质表面收集，如露台、路面和停车场等。其中屋面雨水收集最为简单易行，广为应用。收集到的雨水用途非常广泛，多用于农业灌溉和生活饮用。

雨水收集的优点主要有：为实现自给自足的供水方式提供条件；减少使用水泵抽取地下水，保护地下水资源，同时也降低了用水费用；雨水中矿物质含量较少，是成本较低的高品质软水；雨水用于农田灌溉后，进入地下含水层，可补充地下水资源；土壤中的盐分通过雨水溶解并随之下移排出，可以减少甚至消除土壤中的盐分；收集雨水可减轻城市洪涝，减少水土流失；从屋顶收集雨水通常比其他水源更经济，且屋顶雨水收集系统的建造、运行和维护均很容易；咸水入侵含水层在沿海地区是一个常见问题，雨水的补给较好地缓解了这一问题，同时雨水可以降低地下水的盐分含量，使淡水和咸水维持在一定水平内；在淡水资源有限的岛屿上，雨水成为居民主要的饮用水来源。

绿色建筑中的雨水利用主要集中在屋面、道路和绿地。降落到绿地的雨水主要以渗透的形式被利用，不利于收集。此外，雨水在降雨过程的初始阶段污染最为严重，道路初期雨水中的化学需氧量（chemical oxygen demand，COD）值可达 3000～4000mg/L。决定雨水水质的因素有：降雨强度、空气质量、气温、建筑材料、降雨间隔时间。在绿色建筑雨水收集系统的设计中应该考虑此类问题。

（2）绿色建筑中的雨水利用技术

雨水是一种天然的免费资源，其水质相对较好，只需简单净化就可以作为生活、绿化所需的杂用水。在绿色建筑中，雨水利用方式可分为两类：收集技术和渗透技术。前者主要包括屋面、路面及广场雨水收集；后者则是指利用天然或人工的渗透面进行雨水的收集利用，实现雨水资源化，节省传统水源，保护生态环境。

　　① 雨水收集与截污。我国历史上就有人们利用池塘拦蓄雨水作为生活用水的记录，早在秦汉时期就曾修建池塘收集雨水作为生活用水，在西北地区几百年前就已经开始修建水窖。现如今，城市雨水收集是在雨水落到地面上后，部分雨水通过地面径流汇集进入雨水口，再通过收集管道收集利用，主要用于城市水景、灌溉绿化、补给地下水、冲洗厕所等。图 4.3 为城市雨水利用系统。

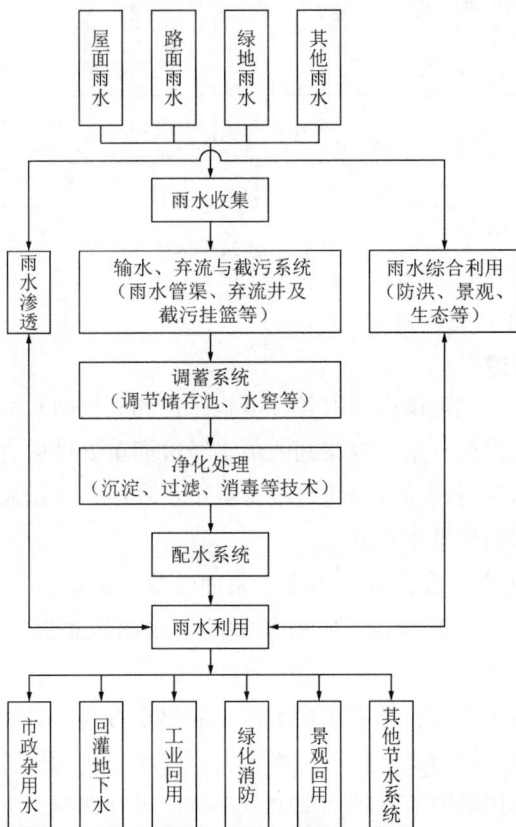

图 4.3　城市雨水利用系统

　　在现代城市中，雨水回收主要包括屋面雨水、路面雨水（包括广场）、绿地雨水和其他雨水收集等。根据雨水的用途选择合适的收集面，杂用雨水可以在任何收集面上收集，但若是用于饮用，最好的收集面是不含有害物质的金属、黏土和混凝土表面。因地面径流中含有污染物的风险更高，所以作为饮用水源的雨水不应从地面收集。另外，选择的雨水收集面不同，其配套的收集和截流设备也不同。

　　雨水相对来说比较清洁，但是因有些地区大气污染比较严重以及屋面、地面等会连续堆积各种碎屑、树叶、沙土及其他污染物，所以在降雨初期，雨水中的碎屑和可溶性污染物浓度都非常高。为了保证雨水水质和用水安全，必须考虑雨水的截污和弃流措施。雨水截污除了在源头上进行控制之外，还要考虑在雨水收集面或收集管路上实施。最普通的过滤装置是滤网，用来过滤大片叶子和其他碎片，还可以在落水管上加装雨水罩去除小型碎片，以增强过滤效果。一般来讲，雨水收集系统沿途还需设置初期雨水的弃流装置用于收集并且处理初期雨水。污染程度较高的，还应设置简单的处理装置，如沉淀、隔渣等。

在绿色建筑中，雨水回收主要是收集污染程度比较小的屋面雨水。当屋面雨水收集量不够时，可考虑收集路面的雨水，但一定要经过处理，通过拦截污物或弃流装置后的雨水可输送到地下储存池或地面储存装置中。经过处理后的雨水可用于厕所冲洗、洗车及绿化用水等，从而节约传统水源用水量。同时，由于大部分雨水未进入城市雨水管网，有利于城市防洪排涝工作的开展及减轻污水处理厂负荷。

② 雨水渗透利用。雨水是一种宝贵的水资源，在城市雨水系统设计及城市规划中要充分考虑雨水的渗透，有效利用天然降水来补充、涵养地下水，缓解城市用水问题，同时又能改善土壤性质、调节气候。

雨水渗透是雨水间接利用的一种技术，是科学管理和合理利用雨水资源，实现人、资源与环境和谐发展的重要途径。对比传统的雨水直接排放和雨水集中收集利用的方案，雨水渗透技术工艺简单、设计方案多、施工难度低、投资省且收效显著。

雨水渗透技术也会受到一定条件的限制，如地下水位较高、土壤渗透能力较差、雨水受到严重污染等。我国内陆地区常年降雨量小，降雨时间比较集中，蒸发量又大，用水主要依赖地下水，所以雨水渗透技术的优势受到一定限制。

常见的城市雨水渗透设施有地面渗透、洼地渗透、洼地-渗渠组合、渗渠-渗管组合、渗井、渗水池塘、洼地-渗沟-雨水排水系统等。我国一些城市的古建筑中就有雨水渗透技术的应用，例如杭州老城区在庭院中设天井沟和矩形渗坑，曲阜孔府院内及后花园都设有雨水渗井。

a. 低势绿地。绿地是大自然赐予人类最好的雨水渗透设施。绿地具有良好的透水性，雨水很容易顺势流入绿地并下渗，同时土壤可以拦截雨水中的部分污染物。目前我国在城市规划中对绿化率有较高的要求，通过对绿地的改造和设计，可增加雨水的渗透量，提高土壤含水量，减少绿化浇灌，改善生态环境。其不足之处在于，土壤性质对渗水量有较大影响，而且雨水中若含有较多的悬浮性污染物，将会影响绿地的美观和渗透能力。

b. 人造透水地面。人造透水地面主要有嵌草砖、鹅卵石地面、透水混凝土路面等，这些都是人工加工铺设的，透水性非常好。在无须预处理或预处理较少的条件下，人造透水地面可依靠表层土壤起到净化雨水的作用，其技术简单，便于管理。人造透水地面在城市中可利用范围广，如停车场、人行道、广场等。由于受到土质限制，人造透水地面需要较大的透水面积，而且调蓄雨水径流的能力不高。在条件成熟的情况下，尽可能多地采用透水性地面。

c. 渗透池。根据当地地形条件、土壤渗透性能，在地面设置大小不一、数目不等的渗透池。地面渗透池根据充水情况分为季节性充水渗透池和常年充水渗透池两种。前者随季节的变化水位波动性大，春季多雨时节充水，到了秋冬季节则干涸。一年中仅有几次充水。对于季节性充水渗透池，可根据水量变化情况，种植抗涝或耐旱植物。后者的作用类似于污水处理中的湿地处理系统，渗透池中可种植植物并供动物栖息；可美化环境，有一定的观赏价值。有些地区存在天然低洼地，有效利用天然地势渗透雨水可节省投资。渗透池的底部可采用鹅卵石提高渗透性能。地面渗透池需要耗费较多的土地资源，在土地紧缺的地区需要采用地下渗透池。地下渗透池是利用碎石孔隙、穿孔管、渗透渠等收集并储存雨水的一种地下装置。

d. 渗透管渠。渗透管一般由聚氯乙烯（PVC）管穿孔制成或采用透水性材料制作。雨水收集后通过该管进入碎石层，然后向四周土壤渗透，碎石层起到一定的调蓄雨水的作用。渗透管渠比渗透池的占地面积小，易在城市中推广和应用。渗透管渠不仅可以独立应用，也可以和其他渗透设施相结合，共同发挥作用。

4.3.2.5　节水器具的选用

洁具是人们用水的最终环节，用水量的多少直接影响绿色建筑的节水效果。推广选用节水器具是绿色建筑节水的重要措施。在用水器具的选择上，应优先选用《当前国家鼓励发展的节水设备（产品）目录》（第二批）中公布的设备、淋浴装置和器具。对于严重缺水地区，可选择真空节水技术。

4.3.2.6　其他节水措施

（1）减少供水管道的漏损

①管材。给水管道的材质有很多种，大体可分为金属管、塑料管及复合管三类。金属管主要有铸铁管和不锈钢管，铸铁管的强度较低，比较容易腐蚀，引发漏水。不锈钢管自身密封性好，漏水率低，抗压、抗拉强度较好，但是容易引发电化学腐蚀，导致管壁变薄，可能引发局部穿孔漏水，情况严重时会发生爆管。市面上常用的塑料管种类非常多，相较于传统管材，塑料管重量轻，有较好的耐腐蚀性，且内表面光滑，流动损失较小。但是塑料管普遍存在的问题是不耐温度变化，低温时易脆裂，高温时易软化变形，且塑料管大多刚度较低，拉伸强度及韧性较差。要根据管道安装的位置及输送水的水质、水温选择适宜材质的管道，尽量减少输水过程中的漏损。

②管道基础沉降。管道基础沉降多发生在室外管道，主要因素有地质问题、基础设施问题、管道自重及水重、管道上方覆土等。管道基础出现不均匀沉降会致使管道漏水。

③管道施工质量。管道施工质量的问题有：管道基础不满足设计要求；覆土不按照规定夯实；在管道特殊位置未设置支墩，导致土壤松动；管道接口施工质量差、强度低，使用过程中接口处出现松动；管道的防腐措施不充分。这些都会导致输水过程中的渗漏，所以必须严格规范施工过程。

④管网运行时的压力。近年来，随着城市土地资源的日益紧缺，高层及超高层建筑越来越多，给水系统的规模和复杂性也在逐渐增大，日常供水需要满足使用者对水压和水量的要求，因此给水管网的供水压力大幅提高。然而，这导致局部区域尤其是低层用户的水压明显高于实际需求，在压力较大的情况下管道的漏损现象更加严重。在给水管网设计时要按照规范规定，控制管道和配水点的水压，防止压力过高损坏管道，造成水量的浪费。

（2）热水管道系统减少无效冷水

绿色建筑热水系统减少无效冷水的措施如下：

①选择适宜的热水系统循环方式。在《建筑给水排水设计标准》（GB 50015—2019）中要求：对于有集中热水供应系统的建筑，必须设置循环管道，以保证干管和立管中的热水循环；对热水使用要求比较高的建筑则需采用支管循环的方式来保证可以随时获得满足需要的热水，若无支管循环则需采取措施保证支管中的热水温度。

②合理分区，采取各种有效措施保证热水系统水压平衡。高层建筑热水供应系统的竖向分区应与给水系统的分区保持一致。各区的加热器、贮水器的进水，均应通过同区的给水系统专管供应，以保证冷热水压力相同，且供给加热器的冷水管上不应有其他用水点的分支。

③热水管线的合理布置。热水设备应安装在系统中合适的位置，尽量避免热水管线太长，减少无效冷水的排出量。

④ 选择合适的热水设备及附件。建筑物中加热设备和储热设备的选择应首先满足使用者对热水温度、流量及压力的要求，减少水量浪费。同时还要考虑建筑本身的性质及热水热源的情况。另外还要加强管道的保温措施，选择性能良好的管材和附件。

（3）采用科学灌溉方式

居住小区及公共建筑都有一定的绿化率，传统上植物的灌溉都是采用市政管网供水。在绿色建筑领域，尽量选择耐旱植被，绿化用水可以充分利用回收的雨水或者处理达标后的中水，以达到节约水资源的目的。灌溉方式宜科学合理地选用节水灌溉方式，即尽量减少灌溉管渠输水及使用中的蒸发和渗漏损失，以提高绿化水的利用率。主要的方法有喷灌、滴灌及渗灌技术。

喷灌是利用设备将压力水喷洒到空中形成细小水滴，并均匀地降落到田间的灌溉方法。喷灌系统用管道输水，几乎没有漏水、渗水等损失，节水率可达 30%～50%。喷灌可以节省劳动力，且不会冲刷土壤，能有效避免水土流失。但是喷灌技术受风力影响比较大，风速过大容易把水滴吹散，造成水量损失、灌溉不均。

滴灌技术即滴水灌溉，是把水分和植物生长需要的养分均匀且缓慢地输送到作物根部附近土壤的灌溉方式。滴灌技术节水效果显著，且能提高肥效，营造良好的土壤环境，减少作物病虫害，起到节水、省工、省地的作用。但是滴灌容易产生堵塞问题，且难控制灌溉的均匀程度，维护管理不易，费用较高。

渗灌技术是一种地下灌溉方式，能直接把水输送给植物的根系，针对性很强，能有效减少灌水量，灌水压力小，同时节能。不同类型的植被需采用不同的渗水量以满足其生长要求，因此需要与植被设计部门充分沟通。渗灌不同需水量的植被需要采用不同的喷头或者设置不同数量的喷头，管道系统较复杂，埋深较大，前期投资较高；若地面植被出现变化需要更换喷头，维护较为复杂。该技术目前还不成熟，应用较少。

4.3.3　节气技术

4.3.3.1　民用节气技术概述

民用节气技术主要是指应用于居民日常生活（如家庭烹饪、取暖等）中，能够有效减少燃气或其他能源消耗的一系列技术。这些技术旨在提高能源利用效率，在保证正常生活需求的同时，达到节约能源的目的。天然气作为较为安全的燃气，其特点是不含一氧化碳，且密度比空气小。因此一旦泄漏，会立即向上扩散，不易积聚形成爆炸性气体，具有较高的安全性。采用天然气作为能源，可减少煤和石油的用量，从而有效改善环境污染问题。天然气作为一种清洁能源，能减少二氧化硫和粉尘排放量近 100%，减少二氧化碳排放量 60% 和氮氧化合物排放量 50%，并有助于减少酸雨形成，缓解地球温室效应，从根本上改善环境质量。

4.3.3.2　壁挂锅炉用户节气

壁挂锅炉是一种高效的小型供暖设备，通常挂装在墙面上，以天然气为燃料，通过燃烧加热循环水，为家庭提供暖气和生活热水。其核心优势包括：

① 高效节能：采用先进燃烧技术，热效率可达 90%，可按需供暖避免能源浪费；

② 灵活可控：用户可按照供暖需求调节不同房间的温度；

③ 节省空间：体积小巧，无须锅炉房，适合小户型或空间有限的家庭；

④ 双功能一体：冬季供暖、全年供应生活热水，一机多用，经济实用；

⑤ 智能便捷：配备温控器和定时功能，可根据作息自动调节运行模式，进一步降低能耗。

具体节气措施及注意事项如下：

① 关闭或调小无人居住房间的暖气片阀门。在住房面积较大、房间较多且人口较少的情况下，可关闭或调小闲置房间的暖气片阀门，减少供热面积。这样既能降低燃气消耗，又能加快常用区域温度的提升。

② 家中无人时调至低温模式，而非完全关闭。短时外出无须关闭锅炉，建议将温度档位调至最低（如防冻模式），避免重启时的高能耗，同时防止管道冻裂。

③ 注意事项。

a. 长期停用需排水防冻：若长期出差或房屋空置，应排空锅炉及暖气片内的存水，建议联系专业人员操作，避免设备冻损；

b. 严禁安装在密闭空间：壁挂锅炉需消耗大量氧气，禁止安装在客厅、卧室等生活区域，以防一氧化碳中毒；

c. 选择正规产品与安装：务必购买具备安全认证的合格产品，并由专业人员安装，严禁燃气管与水管接反。

4.4　综合能源服务技术

能源互联网是一种运用互联网技术、信息技术、智能管理技术对能源点进行互联并实现双向流动、能量对等交换和共享网络，同时能够将互联网技术和可再生能源相结合的互联网络。能源互联网发展的核心目的是利用互联网及其他前沿信息技术，促进以电力系统为核心的大能源网络内部设备的信息交互，实现能源生产与消耗的实时平衡。为了实现大规模可再生能源的稳定利用，海量分布式设备的广域协调和即插即用是能源互联网的关键技术；电动汽车作为电气化交通系统的核心，可以同时充当储能设备以平抑可再生能源波动，将在能源互联网中发挥重要作用；随着页岩气开采技术的进步和电转气技术的出现，电力网络与天然气网络之间的能量流动将由单向变为双向；电力与天然气网络的融合，有望真正实现可再生能源的大规模储存。

能源互联网的发展对能源的利用与探索具有重要意义，只有强化能源互联网关键技术，才能够更好地实现对能源的有效管理和控制，提高能源的利用率，促进社会发展。

4.4.1　综合能源服务高效利用

4.4.1.1　区域能源利用的概念与内涵

所谓区域能源系统，是指满足特定区域内多个用户的冷、热、电、气等终端能源需求，在充分考虑区域内现有资源（能源资源和设备资源）的基础上，通过对各种设备、技术、系统进行综合、集成、互补应用，并综合考虑区域外能源，因地制宜地完成能源生产、供应、输配、使用和排放的全过程。这里的区域从地理范畴来看，是介于城市（宏观）和建筑（微观）之间的一个中观概念。

在传统能源供需体系中，供给侧占据绝对主导地位，大规模集中能源站的产能通过广域能源网络输送至终端能源用户，用户的用能信息无法反馈到供给侧，供需两侧通过单向能源流互联。总体而言，能源的生产与供给不是目的，只是手段，其最终目的是满足终端能源用户的用能需求。为此，供给侧主导的能源供需体系必然会导致能源供需的不平衡，或供大于求，或供不应求，从而影响经济社会的正常运行和人们的日常生活。

区域能源利用体系就是要突破上述局限，以需求侧为导向，将能源供给端和终端能源用户有效衔接，进行多元化的优化整合，构成一个双向互联、多元共生的区域能源网络，以便供需两侧协同优化。这里的多元除能源用户的多元以外，还主要体现在两个方面：在供给侧，区域能源系统既可以是传统的基于化石燃料的冷、热、电机组，也可以是冷热电联产系统，或是可再生能源系统（太阳能、风能、生物质能、地热能等），以及它们的有效匹配；在需求侧，区域能源系统可以满足用户的冷、热、电、气等多种终端能源需求，从而为各种能源资源的一元化管理提供有利条件。所谓共生，则是指区域能源利用体系内在的互补特性，化石能源和可再生能源的互补利用可以弥补自然能源供能不连续的缺陷，不同类型终端用户的互补用能可以获得负荷平均化效果。

对比传统城市能源供给方式，区域能源系统的供能范围更小，但其供能内涵更丰富。就节能减排方式而言，传统能源供给体系侧重供给侧供能效率提升的效率导向型模式，而区域能源利用体系则是以最小的能耗满足用户所有用能需求的效果导向型模式。区域能源的合理、高效利用是一个系统工程，区域能源利用理念的提出是系统思考理论在节能减排领域的具体表现，它使城市节能由点扩展到面、由局部走向系统。

系统增效是区域能源利用的根本宗旨。构建区域能源利用体系的根本目的是在满足区域内用能需求的前提下，提高全区域能源利用整体效率、降低污染排放，同时获得提高能源供给可靠性和用户舒适性、便利性，降低能源费用，提高燃料适应性等附加效应。然而，由于区域内各能源用户可能归属不同利益主体（法人），因此区域能源系统整体获利并不一定能保证系统内各独立用户的利益，即整个系统的最优决策对个体用户来说未必最优。

鉴于此，构建区域能源利用体系有两大重要前提条件：一是通过构建区域能源利用体系，使得系统整体效用（节能性、经济性或其他指标）大于域内用户独立供能时的总效用；二是对个体用户而言，其融入区域能源利用体系后的效用应大于独立供能时的效用。因此，如何综合考虑系统整体利益与用户个体利益，确立一个对各方都有利的决策模式，是构建区域能源利用体系的一大难点。

4.4.1.2　区域能源利用的主要模式

区域能源利用有别于注重单体设备和用户效率提升的"点状节能"方案，它是将城市或区域作为一个整体进行统筹协调，通过构建区域能源网络，实现能源利用的系统化、高效化。"多源、互补、共享、融通"是区域能源利用的本质特征。根据系统能源网络的拓扑结构以及供能范畴的差别，区域能源利用体系呈现多样化的表现形式，区域能源利用模式如图 4.4 所示。

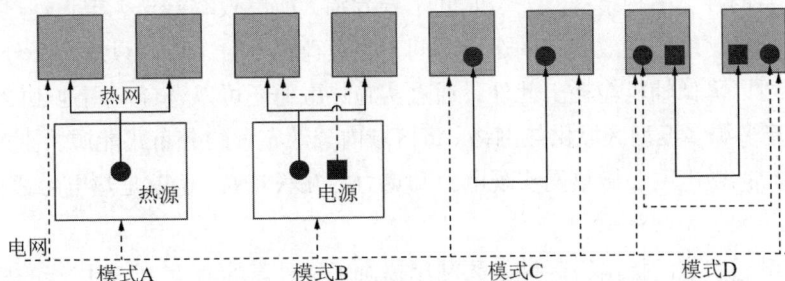

图 4.4　区域能源利用模式简图

（1）集中能源中心方式

集中能源中心方式是一种基于树形（或星形）拓扑结构的能源利用体系，它将集中能源设备（电源或热源）所产生的电力、蒸汽、热水、冷水等，通过区域微网（微电网、微热网）供应给区域内各能源用户。根据供给能源种类和范畴的不同，该方式可以分为区域供热（供冷）和区域冷热电联供两种类型，分别见图 4.4 中的模式 A 和模式 B。集中能源中心方式是区域能源利用最早的模式之一，也是最经典的模式之一，而且仍然是当前区域能源利用的最主要形式之一。该方式最早可以追溯到 14 世纪，在法国首次出现了区域供热系统。世界上第一个取得商业成功的区域能源系统，是 1877 年建成于美国纽约的基于区域锅炉房的区域供热系统。从 20 世纪 60 年代开始，欧美等发达国家和地区开始发展区域供冷，同时推进热电联产。经过 100 多年的发展，基于集中能源中心的区域能源系统在发达国家已得到较为广泛的应用，是发达国家和地区的重要标志之一。

基于集中能源中心的区域能源利用模式的基本特征是集中供给、分散消费。由于需要设置专用能源中心并实施集中管理，因此比较适用于新建城区。在区域规划的起步阶段，为促进科学、合理用能，提高区域能源综合利用效率，将能源系统的合理配置融入区域整体规划过程中，构建完善的区域能源利用体系无疑是最佳选择之一。由于不同类型能源用户的能量需求具有显著差异，其负荷种类、用能规律、负荷变化曲线均呈现多样化，因此可实现负荷平均化效果，而且可以充分利用同时使用系数降低设备容量，合理设计并进行优化整合配置。从运营模式来看，可以引入专业的能源服务公司（energy service company，ESCO）进行集中管理，实现规划、设计、施工、运行、维护全过程的一体化能源服务。

（2）区域能源融通方式

与集中能源中心方式相比，区域能源融通方式是一种无中心的能源供给模式。它以区域微网为纽带，将两个或两个以上相邻的个体用户互联，用户间实现能量互补与融通。该供能模式的特点是各用户拥有自己独立的供能（电源或热源）设备，每个用户都可以称为能源产消者（prosumer），即既是能源生产者又是能源消费者。他们借助区域能源网络进行融通，可以互为补充、互为备份。对于单个用户而言，即使没有与区域微网互联，其用能需求也可以得到满足。该供能模式体现了能源供给由自给体系向互助体系的转变，用户间的互补与融通是该供能方式的立足点。

根据用户间融通能源种类的不同，区域能源融通系统又可分为热融通和热电融通两种类型，分别如图 4.4 中模式 C 和模式 D 所示。以热融通为例，由于用户的热源设备一般都是按照需求峰值（一年中的少数时段）来选定的，所以大部分时间都在额定容量的 50% 以下运行。此外，热源设备的种类多种多样，安装时间千差万别，所以效率差异也很大。热融通可以让高效设备优先运行，缩短低效设备的运行时间，当负荷较小时，可以只运行部分用户的热源设备，这样就可以降低辅机能耗。此外，通过实施热融通还可以整合应用地热能、太阳能等多种热源，构建多源多汇型区域供热网络。将区域内分散布置的分布式能源所生产的电和热，通过连接各用户的微电网和微热网实现电力和热力的互联互通，也就是热电融通模式（图 4.4 中模式 D）。

区域能源融通系统的提出为区域能源利用提供了一种新的科学、合理用能的机遇和形式。它强调系统的互补和平衡功能，可以充分利用现有独立供能系统冗余的设备资源，以较低的初期投资可实现可观的节能效益。同时，该模式不仅适用于既有设备的更新与改造，对新开发区域能源系统的规划与设计同样具有适用性。在新区开发过程中，可以突破传统能源供给的"集中主义"思维，以"互联网"理念为导向，将分布式能源（包括楼宇冷热电联产、分布式光伏等）所产生的电能和热能，通过连接各终端用户的微电网和微热网实现电力和热力的互联互通。这样，各独立用户的设备配置可以更灵活。产能过剩或用能不足可以通过区域微网予以调度和平衡，从而有效降低设备投资与运行费用。

4.4.1.3　区域能源利用的优越性

利用区域内用能负荷的集约效应，采用高效用能设备，通过适当的设备控制使部分负荷达到高效的运行效果，同时，对系统的构成、配置及运行进行集成优化。区域能源系统有望突破传统单体节能方案的瓶颈，使系统能效发挥至最佳。区域能源系统除了具有优异的节能效果外，还兼具保护城市环境（大气环境、热环境等）、充实城市机能等功能。

4.4.1.4　区域能源利用存在的问题及应对措施

构建区域能源利用体系可以获得节能、环保等多方面的效益，但为了促进其进一步推广与应用，还有以下问题亟待解决：

① 用于区域供热的区域微热网不可避免地会产生热损失，热媒的输送也要消耗一定的动力，区域微热网的建设费用也会导致初期投资增加。针对这些问题，一方面，构建区域能源系统的用户间距离不能太远（最好是相邻建筑）；另一方面，可以通过优化计算确定最佳供能范围与管网布局。

② 一旦加入区域能源系统（特别是集中能源中心方式）后，用户如果想变更为独立供能方式，需要对供能设备进行较大调整。为此，政府应该发挥主导作用，加强对相关能源服务公司的监管，促使其与用户签订长期、稳定的能源供应合同。

③ 用户侧的用能行为可能对区域能源系统整体的能源利用效率产生负面影响，且单个用户的节能行为很难体现为整个系统的节能效果，个体利益与集体利益的矛盾和平衡是区域能源利用体系亟待解决的一个重要问题。针对此问题，可以借助博弈论等经济、管理科学理论和方法辅助决策。

④ 对于住宅用户，随着高性能且价格低廉的小型供暖和热水系统的使用，区域能源系统在性能和费用方面的竞争力逐渐削弱；而对于大型公共或商业建筑用户，由于近年来中央空调系统的技术革新和成本降低，其普及率逐渐提高，这对于区域能源的推广应用也是一个挑战。为此，除了节省能源费用外，有必要进一步挖掘区域能源的非节能效果，并评估其经济效益。

⑤ 区域能源系统一般涵盖多个终端用能部门，还可能涉及多个行政主管部门及不同行业，因此需要进行有效的顶层设计，构建跨行业、跨部门的综合管理体制，出台相应的政策和法规。

⑥ 对于区域能源融通系统而言，由于系统内部分用户将承担一部分"能源中心"功能，通过提高自身的能源供给量，满足其他用户的能源需求，产生费用增益。但对承担"能源中心"功能的用户而言，如果超额产能所导致的费用增量得不到合理补偿，加入系统的经济诱因丧失，那他就会脱离系统，阻碍高效能源融通系统的构建。因此，公平合理的利益分配机制是区域能源融通系统得以存在的重要基础，是其稳定发展的关键。针对此问题，一方面要设定具有弹性的、合理的区域能源价格（如热水价格）体系；另一方面，以能源服务公司为

媒介确立互利、公平的合作关系不失为一个有效的解决方案。

4.4.2　清洁高效利用技术

4.4.2.1　节能创收技术

能源互联网的最终目的是保障和促进经济的发展，其架构下的储能技术与节能技术的产物最终还要实现一定的经济价值，无法实现经济价值或创收的技术，是没有研究价值与前景的。未来节能技术实现创收是建立在能源互联的基础上，是以大数据技术应用为依托的。其受益者是电能消耗的基本单元，如住宅、商场、企业、工厂等。

（1）节能技术发展现状

在全球能源需求持续增长、环境压力日益增大的背景下，节能技术已成为应对能源与环境挑战的关键力量。节能技术贯穿能源生产、传输、分配及消费的各个环节，旨在最大化提高能源利用效率，降低能源消耗和减少浪费。各国政府纷纷出台一系列鼓励政策，大力推动节能技术的研发与广泛应用，促使节能技术行业朝着多元化、高端化方向加速发展。

① 市场规模。据国际能源机构（International Energy Agency，IEA）统计，2024 年全球节能技术市场规模达到了 1.2 万亿美元，预计在 2025—2030 年，将以每年 8%左右的复合增长率持续增长。中国作为全球最大的能源消费国之一，在国家"双碳"目标的引领下，节能技术行业发展迅猛。2024 年，中国节能技术市场规模达到了 1.8 万亿元人民币，较上一年增长了 12%，预计未来五年内，年复合增长率将保持在 15%～20%，到 2029 年有望突破 4 万亿元人民币。

② 产品结构。节能技术行业产品丰富多样，主要涵盖节能设备、节能材料和节能服务三大板块。在节能设备领域，高效电动机、智能变频器、永磁调速器等产品广泛应用于工业、建筑等领域。其中，高效电动机在 2024 年的市场份额达到了 35%。在节能材料方面，气凝胶、真空绝热板等新型材料凭借优异的隔热性能，在建筑保温、冷链物流等领域得到了越来越多的应用。气凝胶材料的市场规模在 2020—2024 年实现了年均 20%的增长。节能服务包括能源审计、节能改造、合同能源管理等。2024 年，中国节能服务产业总产值达到 7000 亿元人民币，同比增长 18%。

③ 竞争格局。全球节能技术行业竞争激烈，企业数量众多。在国际市场上，德国西门子、美国通用电气等跨国企业凭借其深厚的技术积累和强大的品牌影响力，在高端节能设备和系统解决方案领域占据主导地位。在中国市场，节能技术行业呈现出多元化的竞争格局，国有企业、民营企业和外资企业共同竞争。国有企业在大型能源项目和关键技术研发方面具有优势，如国家电网在智能电网节能技术方面处于领先地位；民营企业则凭借其灵活的市场策略和创新能力，在节能服务和部分细分领域迅速崛起；外资企业则通过技术引进和本地化生产，积极拓展中国市场。随着行业标准的不断完善和市场对节能效果要求的不断提高，技术创新和品牌建设已成为企业提升核心竞争力的关键因素。

④ 地域分布。从全球范围来看，节能技术的发展和应用呈现出明显的区域差异。欧美发达国家在节能技术研发和应用方面起步较早，技术水平较高，市场成熟度也较高。亚洲地区，尤其是中国和印度，随着经济的快速发展和能源需求的增长，成为全球节能技术市场增长最快的区域。在中国，东部沿海地区由于经济发达、科技资源丰富，在节能技术研发、应用和产业发展方面处于领先地位，如长三角、珠三角地区聚集了大量的节能技术企业和科研机构。中部地区依托产业升级和政策支持，节能技术行业也在快速发展，产业结构不断优化。西部

地区在新能源开发和能源高效利用方面具有独特优势，随着西部大开发战略的深入推进，节能技术在当地能源产业中的应用不断扩大。

⑤ 照明节能领域。照明节能作为节能技术的重要应用领域，近年来取得了显著进展。LED照明产品凭借其高效、节能、环保、寿命长等优势，已成为照明市场的主流产品。2024 年，全球 LED 照明市场渗透率达到了 80%，中国 LED 照明市场渗透率更是超过了 85%。随着物联网、人工智能等技术的不断发展，智能照明系统应运而生。通过智能控制、传感器技术等手段，智能照明系统可以实现对照明设备的精准控制和能源优化利用。据市场研究机构预测，到 2026 年，全球智能照明市场规模将达到 400 亿美元，年复合增长率超过 20%。在中国，智能照明市场正处于快速增长阶段，2024 年市场规模达到了 800 亿元人民币，预计在未来三年内将保持 30% 以上的年增长率。照明节能领域的竞争格局也在不断变化，传统照明企业纷纷向智能照明领域转型，同时，新兴的科技企业也凭借其技术优势，迅速进入照明节能市场，市场竞争逐渐从价格竞争向技术创新和品牌服务竞争转变。

（2）基于综合能源服务的节能创收模式

未来节能创收将产生巨大的经济效益，其商业模式大致分为四个层次：基础装置层、建模层、管理控制层、反馈层。

基础装置层涉及基础装置安装，是整个系统的硬件单元，用于耗能数据的测量及采集。它是实施能源节约的前提和基础。只有全面掌握能源消耗的实际情况，才能有针对性地对其进行改善。

建模层对基础装置层的成果数据进行分类处理，从各个方面对能耗的特征加以分析，并在一定程度上为能耗预算、资源消耗预算提供参考。

管理控制层是在前两者的基础上，对用能单位的用电设备或用电行为加以规范或优化，它是实现节能创收的关键。管理控制层通过合理规划能耗设备的耗能时段、优化耗能工序等，实现能耗下降，其创收即能耗差价。

反馈层的作用是对管理控制层的能耗管理效果进行分析，通过对管理控制层运作前后的基础装置层的数据结果进行分析对比，得出能耗改善综合评价，帮助优化建模，完善能耗管理机制。

除此之外，该模式有助于刺激节能产品的研发与应用，为节能技术提供研究数据，帮助客户科学合理地选择和使用耗能设备。

（3）节能创收的条件和基础

节能创收是建立在能耗测量技术、建模分析技术、互联网技术、大数据技术等的发展及应用基础上的。节能创收模式的出现是基于能源互联网的不断完善和深入，以及能源存储网络的改革与优化。

4.4.2.2　燃气-蒸汽联合循环发电技术

燃气-蒸汽联合循环（GTCC）发电技术是一种广泛应用的节能技术，其高效性和可靠性优势较为明显。该技术具有清洁程度高、污染排放量小以及运行灵活性高等特点。燃气-蒸汽联合循环机组可以作为可再生能源发电的重要设备。燃油和天然气的联合循环电站的发电效率随着燃气轮机技术的改进有了显著提高。此外，还可以将燃煤发电与煤化工进行充分融合，从而实现煤化工、液体燃料以及氢气和高效洁净煤发电系统多联产，达到真正意义上"绿色煤电"的目标。

（1）技术原理

由于燃气轮机循环吸热平均温度高，纯蒸汽动力循环放热平均温度低，把这两种循环联合起来组成燃气-蒸汽联合循环显然可以提高循环热效率。GTCC技术是充分利用钢铁联合企业高炉等副产煤气，最大限度地提高能源利用率，发挥燃气-蒸汽联合循环优势的节能技术。

（2）工艺流程

副产煤气从钢铁能源管网送来，首先经除尘器净化，随后与其他气体混合。混合后的气体经加压后与经空气过滤器净化并加压的空气混合，进入燃气轮机燃烧室内燃烧。产生的高温、高压燃气进入燃气透平机组膨胀做功，通过减速齿轮传递到发电机组，从而发电。燃气轮机做功后排出的高温烟气进入余热锅炉，产生蒸汽后进入蒸汽轮机做功，带动发电机组发电，形成燃气-蒸汽联合循环发电系统。

（3）装机方案

根据钢铁生产过程中释放的高炉煤气和焦炉煤气的品质及产量，采用联合循环发电机组。每套机组由一台煤气压缩机、一台燃气轮机发电机组、一台余热锅炉和一台蒸汽轮机发电机组组成，共同构成一套联合循环发电机组。每套联合循环发电机组的额定容量为46.6MW + 19MW。根据煤气平衡的情况，确定联合循环发电机组的套数。为提高联合循环效率，尽可能从燃气轮机排气中回收热量，采用三压余热锅炉，并将参数提高为次高压，产生的次高压过热蒸汽和低压过热蒸汽进入蒸汽轮机做功，带动发电机发电。同时，余热锅炉还产生低压除氧饱和蒸汽，作为除氧器的除氧用气。

4.4.3　高效储能技术

综合能源服务的概念开辟了能源系统发展的新领域，但是作为新生事物，综合能源服务的实现需要很多关键技术的支撑，储能技术就是其中的重要基础。在传统能源系统中，储能技术已经有广泛的应用。根据国际能源署（IEA）2024年发布的数据，截至2023年底，全球储能装机规模已达到250GW（不包含抽水蓄能），相比2020年实现了大幅增长。抽水蓄能作为较为成熟的储能技术，全球累计装机规模已超180GW。在中国，随着"双碳"目标的推进，储能产业迎来了黄金发展期。截至2023年底，中国储能装机规模（不包含抽水蓄能）达到80GW，抽水蓄能装机规模约为45GW。中国锂离子电池储能累计装机规模达到65GW，在国内新型储能市场中占据主导地位。同时，中国在液流电池储能技术的研发和应用上也取得了显著成果，部分项目已实现商业化运营。

综合能源服务要实现多种能源网络的互联互通，系统整体规模更大，涉及的能源种类更多。储能技术作为关键支撑，需要满足不同能源系统的多样化需求，不仅要在数量上大幅增加，以应对可再生能源大规模接入带来的储能需求，而且在形式上也需更加丰富多样，针对不同应用场景，如分布式能源系统、微电网、电动汽车快充站等，开发适配的储能技术和解决方案，从而保障能源供应的稳定、可靠与高效。

4.4.3.1　综合能源服务中的储能需求

为了实现综合能源服务发展的目标和理念，至少有以下几个方面需要储能技术作支撑：

① 维持系统的能量平衡。既包括各种能源系统内部的能量平衡，也包括整个综合能源服务系统的能量平衡，从而实现安全、稳定、可靠的能源生产和输送。

② 实现不同能源系统的耦合和协同。综合能源服务是多种能源网络互联互通的系统，与

不同时空维度的能源网络之间相互耦合，这需要储能系统作为桥梁。同时，储能系统可以通过调节作用，实现不同能源网络之间的协同运行。

③ 最大限度地利用可再生能源，支持高比例的可再生能源接入，并且减少弃风、弃光的概率，充分利用清洁的可再生能源。

④ 保证能源供应的质量和连续性。在能源系统（简称系统）中存在波动性、间歇性能源或负荷的情况下，保证能源供应平稳。在系统受到扰动或者发生故障的情况下，保证能源生产和供应的连续性。

⑤ 拓展新的用能方式和能源替代方案，例如提高储能电池的容量、性能和寿命，并降低成本，助力电动汽车的普及，加快替代以石油和天然气为燃料的汽车，实现能源的清洁利用。

⑥ 改变能源供应的管理和交易模式，利用储能系统在一定程度上实现能源生产和消费在时间、空间上的解耦，有助于推进能源管理和交易模式的变革，促进能源消费的市场化。

4.4.3.2　综合能源服务中储能系统的功能

储能系统在综合能源服务中充当着多重角色：服务于系统；服务于用户；服务于整体；服务于局部。本小节将对综合能源服务中储能系统的具体功能进行梳理。

（1）提高系统运行的安全性和稳定性（系统侧）

任何扰动都会影响系统的稳定性，只要储能装置容量足够大且响应速度足够快，理论上就可以实现在任何情况下不同能源网络内部的能量平衡，保障系统的安全稳定。储能系统在提高系统运行安全性与稳定性方面的具体表现形式有以下几种：

① 削峰填谷，减小失稳压力。储能系统可根据供能与耗能之间的差异变化情况及时可靠地改变其作用水平，削峰填谷，从而减小失稳压力，提高系统稳定性。

② 增加备用能源，减轻大扰动的影响。储存的能源可作为备用能源，在系统中出现大的扰动时即插即用，增强系统的抗干扰能力，减轻扰动带来的影响。

③ 功率支撑，改善系统供能的稳定性。储能系统可向电网提供 1～2s 有功支撑，使电网中各机组在受扰动后仍能保持同步运行，降低系统失稳的概率。

（2）提高系统运行的效率和效益（系统侧）

系统中能量的供应应根据负荷的波动情况时刻保持平滑变动。储能系统在能量供应富余期间储存能量，在能量供应紧张期间释放能量，可在一定程度上减小能量供应的峰谷差，从而提高系统的运行效率。同时，由于储能系统的存在，可减少系统对于备用容量的需求，降低扩容投入，减少由于能量供需差异带来的能量运输成本，从而提高系统的效益。

（3）实现不同能源网络之间的耦合（系统侧）

储能系统是各种能源网络之间耦合的桥梁。储能系统可以将能源网络中的能量以不同的形式储存，当系统需要时再释放能量。在储能系统储存和释放能量的过程中，还存在着能量的转换问题，这就使不同的能源网络通过储能系统相互联系，实现了能源网络的耦合。此外，储能系统还可以实现能源网络的解耦。储能系统可将储存的能量在合适的时间进行释放，实现时间上的解耦；也可根据不同能源网络内部的能量供应与消耗的关系，将存储的能量在不同的能源网络之间进行适当的运输转移，实现空间上的解耦。储能系统在综合能源服务中的作用方式如图 4.5 所示。

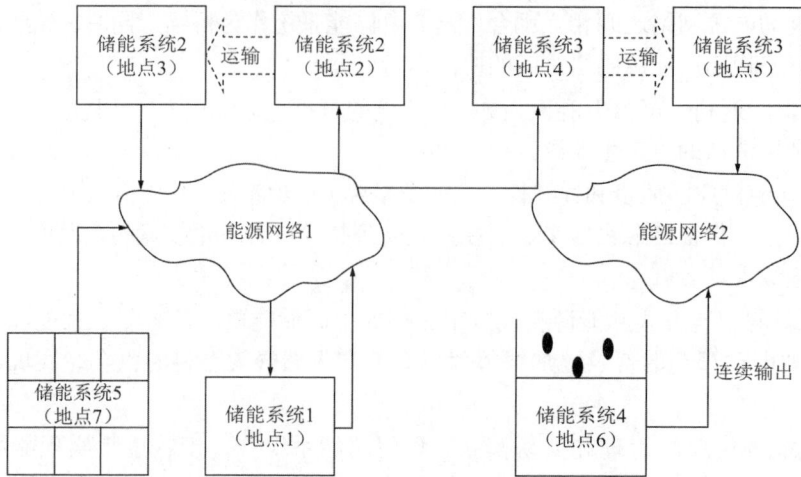

图 4.5   储能系统在综合能源服务中的作用方式

（4）提高多能源系统的灵活性和协同性（系统侧）

储能系统除具有储存能量的功能外，还可以将不同形式的能量联系在一起，使能源网络各元素之间的联系更加紧密，提高多能源系统的灵活性和协同性。

① 储能系统可以转换能量形式，使能源的调度更加灵活。例如，电动汽车可以通过车网互动（V2G）的方式扮演分布式负荷和电源的角色。当电动汽车作为负荷时，通过合理安排充电时间，可以实现有序充电管理，达到移峰填谷的效果，提高系统运行效率；当电动汽车作为储能系统时，可以将其作为系统的备用容量，峰荷时向电网提供电能，优化电网运行。另外，在综合能源服务中，储能系统储存与输出的能量形式未必相同，这就使得能量形式可相互转换，以满足系统对不同形式能量的需求。

② 各种类型的储能系统间的协调配合，可以增强系统的协同性。不同种类的储能系统可根据系统的整体需求，以储能系统的经济性更好及能源的利用效率更高为目标，进行协调配合，增强多能源系统的协同性，提高系统的运行效率。

（5）充分利用可再生能源（发电侧）

随着综合能源服务的发展，可再生能源将逐步成为主要能源，但其能量供应受自然条件影响，具有间歇性和波动性。储能系统可平衡可再生能源带来的不稳定性，平滑可再生能源带来的波动，提高其渗透率，并减少能源的浪费。

① 支持高比例可再生能源接入。由于可再生能源具有间歇性，当其大量接入时会降低系统的稳定性，而储能系统可为系统提供快速有效的支撑，平滑波动，提高系统接纳可再生能源的能力。

② 减少弃风、弃光等能源浪费现象。风能、太阳能等可再生能源已经得到了大量的利用，但因其受自然条件影响显著，具有较大的波动性和间歇性，因此保守的调度导致弃风、弃光现象严重。储能装置可将被浪费的风能、太阳能储存，用于平抑风力和由于光照条件不稳定引起的输出波动。

（6）保障能源生产的安全（发电侧）

在能源生产过程中，总会或多或少地出现一些故障，导致无法进行能源供应，影响能源生产安全。储能系统可帮助供能系统重新启动，恢复正常运行。例如，当火电机组没有厂用电时，存储的柴油可向燃气轮机起动机提供能量，使系统恢复工作，实现系统自愈；水电站在没有厂用交流电的情况下，可利用电厂直流系统蓄电池储存的电能量和液压系统储存的液压能量，完成机组自启动，恢复自身及外部的能源供应，保障能源生产安全。

（7）保障能源供应的质量（用户侧）

近年来，系统能量供应品质的不稳定问题受到了人们的关注，储能系统的接入可解决能量供应的质量问题。

① 平抑功率波动，保证能量供应的品质。在电源出现瞬时故障或者长时间退出运行时，储能系统可以向系统提供功率支持，减小或消除功率的不规则波动，使能量供应质量得到提高。

② 分布式储能，保证电能质量。分布式储能可改变传统的电力系统结构，改变系统中能量的流动方向，改善功率分布，从而减少能量传输过程中的损耗，提高电压水平。

（8）保障能源供应的连续性（用户侧）

能源供应一般具有间歇性，而系统中的重要负荷要求能源供应不能出现任何时长的短缺情况。储能系统可作为不间断电源，有效解决能源供应的间歇性问题。

① 作为应急能源，解决能源瞬时或短时间供应短缺的问题。当系统中出现大扰动引起瞬时供能波动时，储能系统可在短时间内进行能源供应，平滑波动，保证能源供应的连续性和稳定性。

② 作为备用能源，解决能源长时间供应不足的问题。任何设备在使用一段时间后都要进行检修，在设备检修期间或是系统出现大的故障时，储能系统可以提供能量，直至系统恢复正常运行。

（9）拓展新的用能方式和能源替代方案（用户侧）

在综合能源服务背景下，用能方式也逐渐增多。例如，随着人们对环境与气候问题的不断重视，电动汽车的研发和推广得到了快速发展，且随着电动汽车数量的不断增多，它也将成为系统中的重要负荷。电动汽车储能电站发挥着类似原有加油站的功能，可对电动汽车进行能量补充，使电动汽车的大规模应用成为可能。此外，用电动汽车代替部分燃油汽车，利用可再生能源代替不可再生能源，可实现能源替代，降低环境污染。

（10）支持新的能源管理模式（用户侧）

将储能系统应用于用户侧的能源管理系统，使其在负荷低谷期储存能量，在负荷高峰期释放能量的同时，适时地在合适位置进行有功及无功补偿，从而改变系统的能量分布情况。储能系统在用户侧能源管理系统中的应用，实现了用户侧对电能质量的调节，改变了用户侧的能源管理模式，使用户不仅可以作为负荷存在，还可以参与对系统稳定性的调节。

（11）支持新的能源交易模式

在综合能源服务背景下，能源的交易模式会发生改变，实现生产者和消费者的角色互换。由于储能系统的存在，大型能源供应商可利用储能的库存进行交易，用户同样可以利用储能装置将能量储存，以生产者的角色自主选择进行能源交易或退出市场，改变了其与能源供应商之间的固有关系。储能系统还为用户直接参与能源交易提供了可能性，用户可根据自身的能耗需求和生产能力，结合配置的储能系统，向能源市场发出特定的能源需求；或在一些时段以生产者的角色向市场提供可靠的能源供给。

综合能源服务下新的能源交易模式如图 4.6 所示。能源供应商可以直接将能源卖给用户，也可以将能源放到交易中心进行交易，还可以利用储能系统将能源以某种形式（例如电池）

储存起来，然后进行交易。用户除了可以直接与能源供应商进行交易外，还可以根据自身需要从交易中心购买能源，或是在能源价格低廉时买进进行储备，待需要时使用。用户也可以通过自身配置的储能实现能源的自发自用，将多余的能源进行交易。

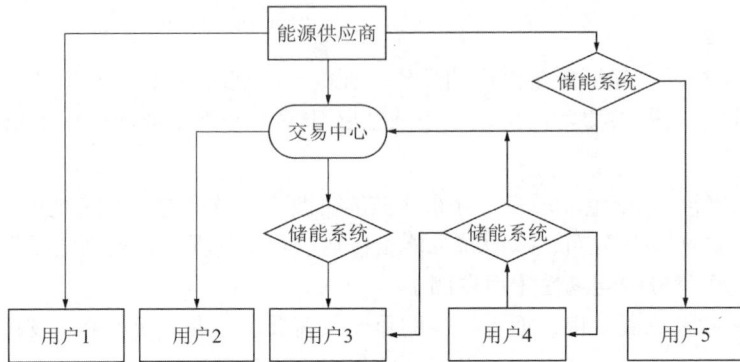

图 4.6 综合能源服务中的能源交易模式

4.4.3.3 综合能源服务中储能的作用方式

不同类型的储能系统，由于其物理结构和工作原理的差别，往往具有不同的性能特点。即便是相同类型的储能系统，由于承担着不同的功能，在运行过程中往往也表现出不同的响应特征。因此，各种形式、各种功能的储能系统，往往以不同的表现方式在综合能源服务中发挥着各自的作用。在综合能源服务中，储能系统的作用方式大致可以分为能量的时间转移、空间转移、快速吞吐、保留备用、零存整取以及整存零取六种。从广义上来说，任何储能过程都伴随着时间转移，任何储能系统也都起到了能量的保留备用作用，而下文所定义的能量的时间转移与保留备用均是狭义上的概念。能量的时间转移是指从储能系统吸收能量开始到释放能量期间较长时间的推移；能量的保留备用是指为防止出现能量的短缺现象而专门储备留用能量。

（1）能量的时间转移

在某种能源网络中，当能源的生产大于消费需求时，将多余的能量以特定的储能方式储存起来，留待将来该能源网络能量不足时再释放使用。例如，抽水蓄能用于电网日负荷的削峰填谷，以及不同季节的能量转移。这种方式的特点是，储能吸收和释放能量的位置是相同的，吸收之前和释放之后的能量形式也是相同的，只是被储存的能量在该能源网络中发挥作用的时刻被推迟了，因此称之为能量的时间转移。这种作用方式往往要求储能装置的容量足够大，能量存储的时间足够长。

（2）能量的空间转移

整个综合能源服务系统又分为不同的能源子网络，即由各个局域能源网络组成一个整体。不同能源网络同时达到供需平衡是很难实现的，此时就需要储能系统进行不同能源网络之间的能量互补，维持系统的能量平衡。这种作用方式的特点是，储能吸收和释放能量的位置是不相同的，吸收之前和释放之后的能量形式也未必相同，储存的能量发挥作用的时刻由于能量在运输过程中的时间消耗同样被推迟。这种作用方式称为能量的空间转移。能量的时间转移未必伴随着空间转移，能量的空间转移一定伴随着时间转移。这种储能方式往往要求能量在储存期间衰减程度较低，对储能装置的安全性和可靠性要求较高。

（3）能量的快速吞吐

综合能源服务的一个特点是新能源的大量接入，但新能源的接入会影响系统的整体稳定性，包括系统的功率波动、频率波动等。而一些能够快速吞吐能量的储能设备可在系统稳定性波动期间进行快速地投入切出，平滑波动，改善系统性能。这种作用方式的特点是能量的储存及释放速度较快，具有秒级甚至毫秒级的反应时间。这种作用方式要求储能设备的启停速度较快，且一般要求具有较高的功率等级。

（4）能量的保留备用

能源网络中往往会由于某种原因出现能量短缺的现象，此时储存的能量可作为能源系统的备用，即插即用，及时进行能量补充。例如，当化石燃料短缺进而引起供热不足时，太阳能储热装置的热储存可及时进行能源供应。这种作用方式的特点是能量释放速度较快，且根据实际情况不同，能量储存时间的长短也不同。这种作用方式一般要求储能装置具有较大的能量储存容量，且在能量储存期间损耗较小，可进行短时间或长时间的储存。

（5）能量的零存整取

不同种类储能系统的能量储存规模及容量都不相同。对于一些储能速度较慢、单次储存能量较少的储能方式，我们可利用其进行较长时间的能量储存。当储存的能量达到一定规模时再进行释放，实现功率等级较大的储能方式的功能。例如，通过健身器材发电，首先将每个健身器材产生的较少能量进行储存，当积累到一定量时再释放。这种作用方式的特点是一次性储存的能量较少，供能时将积攒的能量进行大功率释放，反映到时间上为长时间的能量储存、短时间的能量释放。这种作用方式称为零存整取，要求储能装置性能较好，且能量存储期间基本没有能量损耗。

（6）能量的整存零取

在实际的储能过程中，由于运输条件及储能装置自身的原因经常会出现能量的囤积现象，即将能量进行大量囤积后再分批、分时段进行利用。例如，煤炭等化石燃料在运输、储存过程中往往会一次性大量囤积，以供应几天或者更长时间的能源需求。这种作用方式的特点是能量一次性储存的容量较大，能量利用为少量多次的利用方式，反映到时间上为在短时间内大量储存能量，可以提供长时间的能源供应。这种作用方式称为整存零取。其要求储能装置的容量大、能量储存时间长且自耗散率较低。

4.4.3.4　储能技术的分类

迄今为止，人们已经开发了多种储能技术，主要分为物理储能、化学储能两个大类。物理储能主要包括抽水蓄能、压缩空气储能、飞轮储能和超导磁储能；化学储能主要包括铅酸蓄电池、液流电池、二次电池（镍氢电池、锂离子电池）和钠硫电池。

（1）化学储能技术

① 钠硫电池储能技术。钠硫电池以钠和硫分别作为阳极和阴极，氧化铝陶瓷同时起隔膜和电解质的双重作用。在一定的工作温度下，钠离子透过电解质隔膜与硫发生可逆反应，这一过程实现了能量的储存和释放。钠硫电池最大的特点是：比能量密度高，是铅酸蓄电池的3～4倍，且体积小；可实现大电流、高功率放电；充放电效率高。钠硫电池的原料硫和钠的资源储量丰富。

钠硫电池的不足之处在于：其正负极活性物质具有强腐蚀性，对电池材料、电池结构及运行条件的要求苛刻；电池荷电状态（SOC）不能准确在线测量，需要周期性地离线度量；其运行温度在 300～350℃，需要附加供热设备来维持温度；并且钠硫电池仅在 300℃

左右的温度下才能运行，由此造成启动时间很长，这在一定程度上限制了其应用范围。例如，风力发电具有明显的季节性和随机性，在夏季风力资源不佳时，需要储能系统间歇性运行，这要求配套的储能系统有较好的启动特性。另外，陶瓷一旦破损形成短路，高温的液态钠和硫就会直接接触，发生剧烈的放热反应，产生高达2000℃的高温，存在严重的安全隐患。

②铅酸蓄电池储能。铅酸蓄电池是比较成熟的蓄电池技术，具有价格低廉、安全性相对可靠的优点。但其循环寿命短、不可深度放电、运行和维护费用高，失效后的回收亦是难题，这使得铅酸蓄电池在规模储能领域应用还有很长一段路要走。

③锂离子电池储能。锂离子电池分为液态锂离子电池（LIB）和聚合物锂离子电池（PLB）。其中，液态锂离子电池是指以锂离子嵌入化合物为正负极的二次电池。电池正极采用锂化合物，如 $LiCoO_2$ 或 $LiMnO_2$ 等，负极则通常采用锂-碳层间化合物。锂离子电池具有高储存能量密度，能量密度可达200～500Wh/L；其重量轻，相同体积下重量约为铅酸蓄电池的1/6～1/5；额定电压高（单体工作电压为3.7V或3.2V），便于组成电池组；并且锂离子电池产业基础较好，这使得锂离子电池在车用动力电池领域备受青睐。但锂离子电池耐过充电或过放电性能差，组合及保护电路复杂，电池充电状态很难精确测量；成本相对于铅酸蓄电池等传统蓄电池偏高；单体电池一致性及安全性仍待提升；等等。这些因素制约了锂离子电池在规模储能领域的应用。

④液流电池储能。液流电池是电池的正负极或某一极活性物质为液态流体氧化还原电对的一种电池。根据活性物质不同，研究较多的液流电池有锌溴电池、多硫化钠/溴电池及全钒液流电池三种。其中，全钒液流电池被认为是最具应用前景的液流电池储能技术。全钒液流电池具有循环寿命长（大于16000次）、蓄电容量大、能量转换效率高、选址自由、可深度放电、系统设计灵活、安全环保、维护费用低等优点。在输出功率为数千瓦至数十兆瓦、储能容量数小时以上的规模化固定储能场合，液流电池储能具有显著的优势，是大规模高效储能技术的首选技术之一。全钒液流电池是目前唯一一种在大规模风电场中应用的储能技术。示范经验表明，液流电池是最适合风力发电的储能技术。我国大连化物所与大连融科储能技术发展有限公司联合，采用全钒液流电池实施了多项"光-储""风-光-储"应用示范工程，推动我国自主知识产权的液流电池技术进入产业化初期阶段。但液流电池能量密度和功率密度低，因此需要加快工程化和批量化生产技术开发，进一步降低成本、提升性能，以满足液流电池商业化的需要。

（2）氢储能技术

氢储能可看作是化学储能的一种延伸，其基本原理是将水电解得到氢气和氧气。

①新能源电力波动适应性的高效电解制氢技术。氢储能系统通过电解水制氢环节将电能转化为氢能，电解水制氢系统要求输入功率尽量恒定。现有成熟的电解制氢设备的供电系统都是为稳定电源设计的，仅能适应50%～100%范围内的功率波动。因此，需研究适应风电场功率快速、宽功率波动特征的水电解适应性技术，开发适用于波动性新能源电解制氢系统的电力变换器。此外，输入功率随机波动会导致电解槽工作电压的频繁变化，急剧降低电解效率，大大缩短电解槽寿命。配合间歇性新能源接入的电解制氢系统，其输入功率需要实时动态跟随新能源发电出力的大幅度频繁变化。现有制氢技术远不能满足新能源发电制氢的需求，因此，需开展电解槽对新能源波动的实时响应特性分析并优化设计技术研究。

② 高效、大容量储氢技术。目前，氢能的大容量储存问题尚未解决，缺少便捷有效的储氢材料和储氢技术，严重制约了氢能的开发和利用，急需开发质量储氢密度和体积储氢密度大、放氢温度低的高效储氢技术。如利用吸氢材料与氢气反应生成固溶体和氢化物的固体合金储氢技术，能够有效弥补气液两种储存方式的不足，同时体积储氢密度大、安全性高、操作容易，特别适合于对体积和安全性要求较严格的大容量电网应用场合。目前，储氢材料的研究大多是以电动汽车为主要应用方向开展的，追求质量和体积储氢密度大、放氢速度快，而且电网对于储氢材料有着不同的需求，如质量储氢密度、分解温度等方面。因此，研发适用于电网的高效、长寿命、低成本、高性能储氢技术，是推动氢储能在新能源接入中应用的关键技术之一。

③ 氢储能系统热、质、电高效耦合技术。氢储能系统中的电解槽和燃料电池在工作过程中会产生热量，而合金储氢系统在放氢过程中需要吸收热量，如何实现高效的热量管理是提升系统效率的关键途径之一。电解制取的氢气需要被高效储存到储氢罐中，而储氢罐的放氢流量需要与燃料电池发电功率相匹配，以实现氢气的高效利用。在电解制氢过程中，纯净水是关键原料，水供应不足会降低制氢效率；氢气的储存过程中需要进行脱水处理，若脱水不及时，则会降低储氢效率并缩短系统寿命；燃料电池在发电过程中会产生水，如果这些水排放不及时，也会影响电池寿命和发电效率。因此，如何实现高效的水管理是提升系统效率的关键途径之一。此外，新能源发电与电解槽的功率需要相互匹配；在大容量合金储氢系统中，氢的释放需要电加热；燃料电池发电系统自身也需要消耗一定的电能来维持稳定工作。因此，如何实现高效的电能管理也是提升效率的关键途径之一。综上所述，氢储能系统热、质、电高效耦合技术是提高氢储能系统效率的关键。

④ 氢储能系统建模与仿真。对氢储能系统热、质、电高效耦合的规律性认识，需要通过建立系统模型，仿真模拟各个子系统的运行过程，为高效可靠的氢储能试验平台提供理论指导。氢储能系统的建模是基于电解水制氢、储氢发电等子系统的模型，最终集成为氢储能的系统模型。子系统的模型包括电化学模型、传质传热模型、动量传递模型、控制模型等。因此，需详细分析仿真平台的功能要求，确定氢储能系统模型的详细程度，鉴别出可忽略的部分，降低建模复杂度，以热、质、电的传递为主线，集成各个子系统模型，构建系统仿真平台。

⑤ 氢储能子系统参数匹配方法。氢储能系统由多个子系统构成，在各个子系统的设计及工程实施中，相关参数的匹配和确定十分关键。在满足应用场景需求和设计目标的前提下，还需要实现整个系统在运行、成本、效率等方面的优化。该过程存在多目标、多参数优化的问题。这不仅需要深入掌握系统原理，还需要有丰富的工程应用经验。应结合具体应用场景，依托仿真平台进行参数优化计算，采用试验研究手段验证参数的正确性，总结参数匹配的一般性方法。

⑥ 多参量的氢储能系统协调控制策略。氢储能系统包括制氢、储氢和氢发电三个子系统，系统的优化运行并不是这三个环节的简单叠加，而是需要各个环节之间协调控制。另外，在电网中，使用的大容量氢储能系统并非氢燃料电池汽车系统的简单放大。当系统容量、功率越大时，需要检测和控制的参数就越多，其温度分布，压力控制，水、气、热、电的管理就越难协调和控制。其次，电网应用场景与氢燃料电池汽车有很大差别，需要根据新能源发电和电网负荷的动态变化，实时调节系统工作状态。以电解制氢的电网适配技术为例，需要协调制氢系统与电网的综合调峰控制，充分研究用电量、储氢量、制氢量、用电方式与用电时

段等信息的实时采集与管理，优化匹配电解模块的工作状态；结合智能仿真和先进计算技术从而监测故障，确保高效、安全。

（3）压缩空气储能

压缩空气储能通过压缩机将电能储存于压缩空气中，释能时，其与天然气混燃通过燃气轮机发电，或者直接通过空气膨胀机发电。目前，压缩空气储能电站是在单个电站规模上，唯一可以与抽水蓄能电站相比的储能方式，各国都在积极研发地面型压缩空气储能系统。其投入切出迅速，可快速提升或降低出力水平，十分适合调频、调峰电源受到地理条件限制的情形。虽然全球早期商业运行的压缩空气储能电站中，德国的 Huntorf 电站和美国的 McIntosh 电站是其中的代表，但如今全球范围内已有多个压缩空气储能电站投入商业运行，数量远超两座。我国中国科学院工程热物理所研发的 1.5MW 压缩空气储能系统已成功投入运行，该系统能够完成电网调峰，提高供电可靠性。

4.4.4　能量协同传输技术

4.4.4.1　综合能源协同优化配电网的重要性

通过创造综合能源协同优化策略来对配电网进行规划，在满足人们对系统多元化使用能源需求的同时，还能有效地提高能源的利用率，从而节约不可再生能源，延长其使用寿命。同时，这种策略还能促进可再生资源的开发利用，使得可再生资源的发展趋于规模化。这样，各种资源的使用配置既能满足工业化、生活化的各种需求，也能对当前的能源消费结构起到一定的优化作用。这些举措对于改善生态环境，以及园区配电网的合理规划都具有重大的意义。

4.4.4.2　关键技术——信息物理融合的智慧能源系统多级对等协同优化技术

随着分布式可再生能源技术的推广和售电侧市场的逐步开放，电力能源在生产、传输、储存、消费和交易等各个环节呈现出信息与物理深度融合的特点。电力网络基础设施作为物理系统应便于与集通信、计算和控制功能于一体的信息系统实现无缝集成和高效互动。信息物理融合系统（cyber-physical system，CPS）正是上述特定集成和交互问题的解决方案，而信息物理融合能源系统（cyber-physical energy systems，CPES）已成为当前工业与能源领域研究的热点，并推动着能源电力系统从数字化、信息化向智能化、金融化的方向发展。

目前，微电网、智能电网以及能源互联网都是典型的 CPES 实例。其中，微电网和智能电网取得成功的关键在于利用 CPES 实现信息系统与电力能源物理系统的高效互动，以有效实现经济、安全和可持续的能源供应。能源互联网的技术需求源于能源供需矛盾和新型大规模可再生能源的接入问题，它强调通过能量枢纽和能源路由器实现能源流、信息流和业务流的深度融合。

因此，能源系统迫切需要与新的 CPS 技术相融合，以构建满足人类社会需求的智慧能源系统（intelligent energy system，IES）。IES 的精髓是"智慧"，是集信息网络和能源物理网络于一体，综合考虑能源的社会和技术双重属性，拥有自组织、自协调、自治理等功能，具有开放、共享和即插即用等特征，并满足安全、经济和可持续等社会需求的未来能源形式，是智慧时代背景下能源革命的迫切需要。此外，IES 的构建还需兼顾可再生能源和智能负荷的整合配置以及更加灵活的分布式能源优化调度和交易机制。

（1）智慧能源系统组合特征

IES 具有以下组合特征：

① 混合。如前所述，IES 是能源电力系统与 CPS 的结合。因此，在建模、设计、优化和分析的过程中需要利用有效的理论来推理动态的、离散的或连续的混合系统。

② 异构。由于 IES 组件的种类和结构不一，因此系统需要考虑多个网络平台和不同计算模型接口间的互操作性。

③ 分布式。在 IES 架构下，物理层包含了大量的分布式产消者或产消者联盟；信息层则需要提供相应的分布式计算，例如并行计算、云计算等技术；而金融层主要由分布式智能合约及分布式账本构成，以实现分布式对等电力交易服务。

④ 大规模。产消者不断向 IES 渗透，以及系统的规模不断扩张，终将导致传感器、执行器、计算和通信设备的集群互联并产生海量相关数据。

⑤ 动态。IES 所处的社会环境（如能源政策等）在不断发展，因此系统的设计和运行必须考虑在这种动态环境下的自适应能力。

⑥ 人在回路（human-in-the-loop）。在 IES 电力市场交易中，产消者作为理性人可根据自身需求产生理性的购电意愿，同时对交易的电能进行理性报价。因此，IES 有必要将人在回路中的角色和接口设计视为一个核心方面。

（2）IES 多级对等协同优化架构

IES 多级对等协同优化架构由下至上将系统分为三层网络：能源物理系统网络层、能源信息系统网络层以及能源金融系统网络层。

在能源物理系统网络层，每一个电力用户被视为一个产消者单元，由智能电表、能量枢纽、可再生能源发电装置（如家用小型风力发电机、光伏面板）、储能设施（如蓄电池）以及智能负荷（如智能家用电器、电动汽车）等组成。其中，每个用户与其他用户相比，各自的负荷特征存在较大差别，且呈现出明显的波动性，而在小范围内，一天中可再生能源出力被认为是等量的，这种供需差额将导致用户产生购、售电意愿，且二者呈显著的正相关，即差额越大用户的意愿越强烈。因此，有必要将若干个用户结成产消者联盟，通过局域协调充分满足用户意愿。然而，局域协调很难实现联盟内能源供需平衡，导致整个联盟产生向其他联盟或主电网购、售电的意愿，因此需要通过广域协调进一步最小化能源供需的整体偏差。其中，能源路由器可作为能源聚合器，完成局域协调后电能的导出或导入。

在能源信息系统网络层，基于现有通信技术或下一代通信技术，智能电表和能源路由器又可作为信息聚合器实时采集其他节点的能源信息，并以数字货币的形式完成电力交易。此外，能源路由器还参与分布式电力的优化调度。在产消者联盟内，能源路由器根据产消者节点的能源信息协调所有节点的对等电力交易。另一方面，在产消者联盟间，底层产消者节点可通过能源路由器与其他联盟内产消者节点达成对等电力交易。

能源金融系统网络层基于区块链技术向用户提供可编程智能合约和分布式交易记录等服务，其信任机制不是来自第三方的背书，而是所有用户对共识机制的认同。因此，用户可根据自身资源情况制订合约，实现对等电力交易，并记录交易结果。

需要强调的是，虽然系统为分层架构，但三层网络间并不独立，而是通过能量流、信息流与业务流进行优化互动，且每一层的运行过程均受到人类意愿的制约。

4.4.4.3　综合能源能量协同传输的关键问题

综合能源能量协同传输的优化配置理论研究仍存在以下关键问题：

（1）多能耦合与运行机理复杂

对于综合能源能量协同传输而言，电、气、冷、热等多类型能源耦合紧密，各类能源环节在多时间尺度上的动态特性复杂、工况多变且呈现高度非线性。多能源供需不确定性和时空多尺度特性的解析是优化配置方案设定的前提。

（2）规划目标多样化与动态化

多能源融合的特征使能源互联网优化配置的目标变得更加多元化。不同能源环节在设备级、系统级均存在差异化运行目标和约束，不同用能主体间呈现博弈特性，需要明确综合能源服务在生产运行中对能源利用效率的影响因素及相关因素的作用机理，并在此基础上提出适用的多目标动态优化配置方法来满足未来综合能源服务多维度复杂的规划要求。

（3）高度依赖于信息及通信系统

信息及通信系统主要用于信息的提取、存储与分析，是实现综合能源服务多能源协同控制等基本功能的保证。传统能源优化配置方法不考虑信息与通信系统，无法适应综合能源服务的发展要求，目前仍缺乏适用于综合能源服务信息与通信系统的优化配置方法。

（4）投资成本与效益的重新定义

不同能源设备及控制方法的使用改变了综合能源服务的成本效益构成，与传统能源服务的运维报废成本存在一定区别。因此，综合能源服务协同传输优化和配置需要引入新的成本与效益分析方法。

4.5　装配式建筑：助力建筑领域碳中和的关键力量

4.5.1　装配式建筑相关政策

4.5.1.1　装配式建筑行业政策发展历程

装配式建筑是符合建筑业现代化、智能化、绿色化发展方向的建筑形式。近几年，一系列政策的颁布，加快了我国装配式建筑行业的发展。根据我国国民经济"九五"计划至"十二五"规划，国家对装配式建筑行业的支持政策经历了从"逐步建立建筑市场体系"到"积极发展建筑业"，再到"发展节能环保的新型建材"，最后到"推广绿色建筑和先进材料"的变化。"十三五"规划中，我国首次提出"推广装配式建筑"，"十四五"规划再次明确"发展智能建造，推广装配式建筑"的重要任务。装配式建筑相关政策的发展历程如图 4.7 所示。

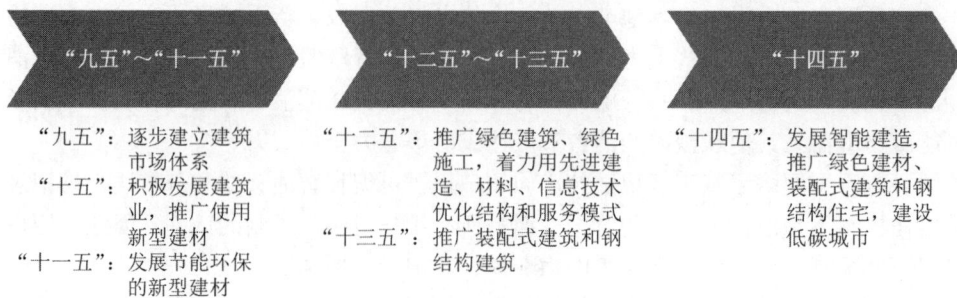

"九五"~"十一五"	"十二五"~"十三五"	"十四五"
"九五"：逐步建立建筑市场体系 "十五"：积极发展建筑业，推广使用新型建材 "十一五"：发展节能环保的新型建材	"十二五"：推广绿色建筑、绿色施工，着力用先进建造、材料、信息技术优化结构和服务模式 "十三五"：推广装配式建筑和钢结构建筑	"十四五"：发展智能建造，推广绿色建材、装配式建筑和钢结构住宅，建设低碳城市

图 4.7　装配式建筑相关政策的发展历程

4.5.1.2　国家层面政策汇总及解读

在制造业转型升级的大背景下，中央层面持续出台相关政策推进装配式建筑的发展。2016

年是中国装配式建筑开局之年，2016 年 9 月发布的《国务院办公厅关于大力发展装配式模块化建筑的指导意见》中指出要多层面、多角度地发展装配式模块化建筑行业。近几年装配式建筑相关政策如表 4.2 所示。

表 4.2　国家层面有关装配式建筑的政策重点内容解读

发布时间	发布部门	文件/会议名称	重点内容解读	政策性质
2024-01	国家发展改革委	《国家发展改革委　河北省人民政府关于推动雄安新区建设绿色发展城市典范的意见》	推动智能建造与建筑工业化协同发展，积极推广装配式、可循环利用的建筑方式，加大建筑机器人应用推广力度	支持类
2024-01	交通运输部	《交通运输部关于做好平安百年品质工程创建示范　推动交通运输基础设施建设高质量发展的指导意见》	推动钻爆法施工隧道装配式衬砌结构设计理论创新应用，鼓励隧道衬砌（含仰拱）预制拼装技术研发应用	支持类
2023-12	国务院	《空气质量持续改善行动计划》	到 2025 年，装配式建筑占新建建筑面积比例达 30%	指导类
2023-07	中共中央、国务院	《质量强国建设纲要》	提高建筑材料质量水平。鼓励企业建立装配式建筑部品部件生产、施工、安装全寿命周期质量控制体系，推行装配式建筑部品部件驻厂监造	支持类
2022-10	财政部、住房城乡建设部、工业和信息化部	《关于扩大政府采购支持绿色建材促进建筑品质提升政策实施范围的通知》	各有关城市要深入贯彻习近平生态文明思想，运用政府采购政策积极推广应用绿色建筑和绿色建材，大力发展装配式、智能化等新型建筑工业化建造方式，全面建设二星级以上绿色建筑，形成支持建筑领域绿色低碳转型的长效机制，引领建材和建筑产业高质量发展，着力打造宜居、绿色、低碳城市	支持类
2022-05	中共中央、国务院	《关于推进以县城为重要载体的城镇化建设的意见》	推进生产生活低碳化。推动能源清洁低碳安全高效利用，引导非化石能源消费和分布式能源发展，在有条件的地区推进屋顶分布式光伏发电。坚决遏制"两高"项目盲目发展，深入推进产业园区循环化改造。大力发展绿色建筑，推广装配式建筑、节能门窗、绿色建材、绿色照明，全面推行绿色施工	支持类
2022-04	国务院	《国务院办公厅关于进一步释放消费潜力促进消费持续恢复的意见》	推动绿色建筑规模化发展，大力发展装配式建筑，积极推广绿色建材，加快建筑节能改造	规范类
2022-03	住房城乡建设部	《"十四五"建筑节能和绿色建筑发展规划》	提出全面提升绿色建筑发展质量、稳步提高建筑能效水平、加快发展新型建筑工业化等重点任务	指导类
2021-10	中共中央、国务院	《关于推动城乡建设绿色发展的意见》	建设高品质绿色建筑。提高城乡基础设施体系化水平。加强城乡历史文化保护传承。实现工程建设全过程绿色建造。推动形成绿色生活方式	支持类

续表

发布时间	发布部门	文件/会议名称	重点内容解读	政策性质
2021-10	国务院	《国务院关于印发 2030 年前碳达峰行动方案的通知》	推动城市组团式发展,科学确定建设规模,控制新增建设用地过快增长。倡导绿色低碳规划设计理念,增强城乡气候韧性,建设海绵城市。推广绿色低碳建材和绿色建造方式,加快推进新型建筑工业化,大力发展装配式建筑,推广钢结构住宅,推动建材循环利用,强化绿色设计和绿色施工管理。加强县城绿色低碳建设。推动建立以绿色低碳为导向的城乡规划建设管理机制,制定建筑拆除管理办法,杜绝大拆大建。建设绿色城镇、绿色社区	指导类
2021-07	住房城乡建设部	《住房和城乡建设部办公厅关于印发部 2021 年政务公开工作要点的通知》	做好推动智能建造与新型建筑工业化协同发展政策信息发布,及时公布智能建造创新服务案例。多渠道做好装配式建筑标准体系政策解读,大力推广钢结构建筑。深入实施绿色建筑创建行动。落实建设单位工程质量首要责任,持续开展建筑施工安全专项整治,提高政策解读针对性和传播力,坚决遏制重特大事故	支持类
2020-08	住房城乡建设部等9部门	《住房和城乡建设部等部门关于加快新型建筑工业化发展的若干意见》	提出要加快新型建筑工业化发展,以新型建筑工业化带动建筑业全面转型升级,打造具有国际竞争力的"中国建造"品牌,推动城乡建设绿色发展和高质量发展	支持类
2020-07	住房城乡建设部等7部门	《绿色建筑创建行动方案》	提出要推广装配化建造方式,大力发展钢结构等装配式建筑,新建公共建筑原则上采用钢结构。推动装配式装修。打造装配式建筑产业基地,提升建造水平	支持类
2020-07	住房城乡建设部等13部门	《住房和城乡建设部等部门关于推动智能建造与建筑工业化协同发展的指导意见》	提出要加快建筑工业化升级。大力发展装配式建筑,推动建立以标准部品为基础的专业化、规模化、信息化生产体系	指导类
2020-02	人力资源社会保障部办公厅等3部门	《人力资源社会保障部办公厅 市场监管总局办公厅 统计局办公室关于发布智能制造工程技术人员等职业信息的通知》	提出装配式建筑施工员定义以及装配式建筑施工员主要工作任务	规范类

4.5.2　装配式建筑体系类型

装配式建筑是指在工厂或制造场所内设计、制造构件,之后运输到建筑现场进行快速安装的建筑方式。这种建筑方式具有高效快速、质量可控、节能环保、灵活多样、经济高效以及易于维护改造等优势,正逐渐成为建筑行业的发展趋势。

装配式建筑因其优势显著,得到国家大力支持和推广,现已经被大量使用在各类建筑当中，但并不是每个地方都适用同一种体系。在建筑行业不断发展的过程中，装配式建筑结构体系的选择需考虑建筑类型、建筑环境、建筑要求等因素。现已将装配式建筑按照结构体系划分为：装配式木结构、装配式钢结构和装配式混凝土结构，各结构体系的优缺点见表4.3。

表 4.3　装配式建筑结构体系分析

序号	结构体系类型	主要构件及优缺点	适用范围
1	装配式木结构	主要构件：木结构承重构件、木制组件及部品 优点：构件轻、湿作业量少；木材绿色环保；保温节能性好；构件运输和吊装成本低 缺点：适用范围较窄；产业链不完善；造价高；跨度较小；抗腐蚀性差；安装较复杂；大量使用木材进行建筑将对森林资源造成巨大破坏	三层及以下的别墅、校舍、敬老院、景区建筑、旅游设施，见图4.8
2	装配式钢结构	主要构件：钢框架柱、钢梁、外墙板、钢构件预制楼板、钢预制楼梯等 优点：环保性强，可回收；抗震性好；抗风性强；抗腐蚀性好；保温性能、防火性好；构件运输和吊装成本低；安装便利 缺点：钢材造价高；施工要求高；结构可变性差	公共建筑、工业建筑、商业建筑，以及少数住宅，见图4.9
3	装配式混凝土结构	主要构件：预制钢筋混凝土构件 优点：成本相对木、钢结构较低；建设周期短；质量高；节约材料；人力成本较低 缺点：相对木、钢结构环保性较差；运输吊装成本高；安装较复杂	住宅、公寓等居住类建筑，见图4.10

图 4.8　装配式木结构

图 4.9　装配式钢结构

图 4.10　装配式混凝土结构

　　由于装配式混凝土结构的原材料来源丰富，可以广泛应用在工业和民用建筑中，能够满足多层和高层住宅、公寓、办公、医院、学校等项目的需求，甚至可以与木结构、钢结构形成混合结构。装配式混凝土结构逐渐成为国内建筑工业化的主流发展方向。装配式混凝土结构按照装配体系可以划分为：全装配整体式剪力墙体系（NPC 体系）、全装配整体式框架体系、双面叠合板式剪力墙体系、预制装配式外墙板（PCF）+ 现浇剪力墙体系、预制夹心保温外墙剪力墙体系（PCTF 体系）和装配式框架-现浇剪力墙体系，其主要构造方式以及优缺点见表4.4。可见这 6 种类型体系的主要差异在于建筑墙体的构造，而楼梯、楼板、阳台和窗台的构造节点处理方式基本一致。

表 4.4 装配式建筑装配体系分析

序号	装配体系类型	组成方式	预制部件	保温形式
1	全装配整体式剪力墙体系（NPC 体系）	由预制混凝土剪力墙和现浇混凝土剪力墙墙板构件构成结构的竖向承重和水平抗侧力结构，通过可靠的连接方式与现场后浇混凝土、水泥基灌浆料形成整体结构	剪力墙、叠合楼板、内隔墙、楼梯、阳台板及外挂墙板或三明治夹心保温外墙板等	外保温、内保温和夹心保温
		体系特点：建筑空间完整性高、无梁柱外露、工业化程度高，但施工安装难度大、造价高、空间灵活度较差，预制部位可选择全部或者局部 **适用高度及建筑**：适用建筑高度一般为高层、超高层；适用建筑为商品房、保障房等		
2	全装配整体式框架体系	全装配整体式框架体系是以主要受力构件柱、梁、板全部或部分为预制构件（如预制柱、叠合梁、叠合板）的装配式混凝土结构。该体系结构构件可以设计成多模块标准构件，拆分成柱、梁、板、阳台、楼梯和外墙等，在工厂进行批量生产后，运至现场进行组合拼装，构造节点部位采用混凝土进行浇筑连接	柱（柱模板）、剪力墙、叠合楼板、阳台、楼梯、内隔墙等	外保温和内保温
		体系特点：工业化程度高、预制比例可达 80%、施工难度高、成本较高、室内柱外露、内部空间自由度较好 **适用高度及建筑**：适用建筑高度一般 50m 以下（7 度）；适用建筑为公寓、办公楼、酒店、学校、工业厂房建筑等		
3	双面叠合板式剪力墙体系	双面叠合板式剪力墙体系是将两"片"混凝土墙板通过钢筋桁架的方式连接在一起。该叠合墙板在工厂预制完成时，板与板之间留有空腔，现场安装就位后再在空腔内浇筑混凝土，由此形成的预制和现浇混凝土整体受力的墙体就是双面叠合板式剪力墙，又称"双皮墙"，如图 4.11 所示	剪力墙、叠合楼板、阳台、楼梯、内隔墙等	该体系既可采用内保温，也可采用外保温
		体系特点：工业化程度高、施工速度快、连接简单、构件重量轻、精度要求较低等 **适用高度及建筑**：适用建筑高度一般为高层和超高层；适用建筑为抗震设防烈度 7 度以下和非抗震区建筑结构		
4	预制装配式外墙板（PCF）+ 现浇剪力墙体系	PCF + 现浇剪力墙体系采用"外挂内浇"的方式，在建筑竖向结构处采用现场浇筑混凝土的方式，水平结构处采用预制墙板和叠合板、叠合梁的形式	外墙、叠合楼板、阳台、楼梯、叠合梁等	适宜采用内保温形式
		体系特点：竖向受力结构采用现浇、外墙挂板不参与受力、施工难度较低、成本较低、常配合大钢模施工 **适用高度及建筑**：适用建筑高度一般为高层、超高层；适用建筑为商品房、保障房、办公建筑等		
5	预制夹心保温外墙剪力墙体系（PCTF 体系）	预制夹心保温外墙剪力墙体系，简称 PCTF 体系，是全装配整体式剪力墙体系中最常使用的一种体系。预制夹心保温外墙剪力墙体系主要由预制钢筋混凝土外叶墙板 + 夹心保温板 + 预制钢筋混凝土内叶墙以及连接固定内外叶板和保温板并进行过防锈处理的连接件组成，其中夹心保温板是外墙剪力墙体系的主要构件，通常使用聚乙烯（EPS）和聚氨酯（PU）等材料制成。钢筋混凝土剪力墙是外墙剪力墙体系中的主要承重构件，用于承受建筑的水平荷载和抗震力	外墙、叠合楼板、阳台、楼梯等	夹心保温

序号	装配体系类型	组成方式	预制部件	保温形式
5	预制夹心保温外墙剪力墙体系（PCTF体系）	**体系特点**：保温层与建筑同寿命、不需要额外维护、施工工期缩短、较好的防火性能（可达到A级）、内外叶板都是预制的、精度高、质量稳定，但施工较为复杂、对平面空间限制较多、难以实现凸窗 **适用高度及建筑**：适用高层建筑及多层住宅、别墅等住宅建筑		
6	装配式框架-现浇剪力墙体系	装配式框架-现浇剪力墙体系的梁、柱采用部分预制构件，剪力墙采用现场浇筑的方式，通过现浇剪力墙和叠合楼板连接预制构件。外墙可采用柔性连接外挂板	预制柱、墙板、叠合梁、叠合楼板、叠合连梁、阳台、楼梯等	外保温和内保温
		体系特点：该体系同时兼顾了剪力墙及框架结构的特点，可提供较大的空间、建筑品质提升、具备良好的抗震性能、成本较低、施工周期较短，但框架梁柱节点连接复杂，故施工难度较大 **适用高度及建筑**：适用建筑高度一般为高层、超高层；适用建筑为商品房、保障房、别墅、学校等		

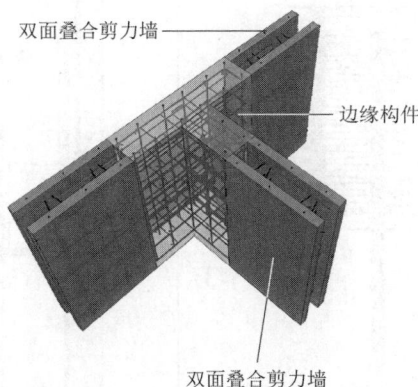

图 4.11　双面叠合板式剪力墙体系

4.5.3　装配式建筑构件连接方式

装配式建筑结构是由预制构件通过可靠的连接方式与现场现浇混凝土、水泥基灌浆料形成的整体结构。可靠的连接节点是保证结构整体性和抗震性的关键。装配式剪力墙结构的连接方式主要有干式连接和湿式连接两种。干式连接指现场无须浇筑混凝土，即在工厂生产全部预制构件、连接件及预埋件，通常包括螺栓连接、后张预应力连接、机械连接、焊接连接和搭接连接等方式。湿式连接是指将两个承重构件之间的钢筋互相连接后，通过浇筑节点实现结构的整体连接，以达到构件与节点等同现浇。目前国内用得最多的浇筑方式是湿式连接，主要包括现浇带连接、浆锚连接、灌浆套筒连接。

（1）现浇带连接

装配式剪力墙在设计位置安装就位后，通过设置现浇带连接上下层剪力墙，此现浇带也可用于连接剪力墙中的立柱和梁。在这个过程中，将预留钢筋以搭接方式连接，待剪力墙安装就位后浇筑混凝土，使整体结构形成一个整体。

现浇带连接的主要工艺流程：安装固定预制剪力墙→预埋钢筋→钢筋连接→安装现浇带模板→浇筑混凝土→混凝土养护→拆除模板。现浇带连接方式的优点是连接强度高、刚度大，能够有效地传递剪力墙的荷载。同时，现浇带还可以提供剪力墙的水平约束，以增加整体结构的稳定性。然而，现浇带连接方式在施工过程中要进行混凝土浇筑和钢筋连接，需要一定的施工工艺和时间，增加了施工难度和周期。

（2）浆锚连接

浆锚连接是将预制构件表面外伸一定长度的、不连续的受力钢筋插入所连接的预制构件对应位置的预留孔道内，再将高强度、无收缩灌浆料灌入钢筋与孔道内壁之间填充，以起到锚固钢筋作用的一种连接方式。目前普遍采用的连接形式有螺旋箍筋约束浆锚连接和金属波纹管浆锚连接，具体构造形式分别如图 4.12、图 4.13 所示。主要工艺流程：准备工作→钻孔→安装锚杆→注浆→固化→检验和验收。浆锚连接方式的特点是能提供较高的连接强度和稳定的连接效果，具有适用范围广、施工方便、经济实用以及可拆卸等特点，因此其在建筑、桥梁、隧道、地下工程等领域得到广泛应用。

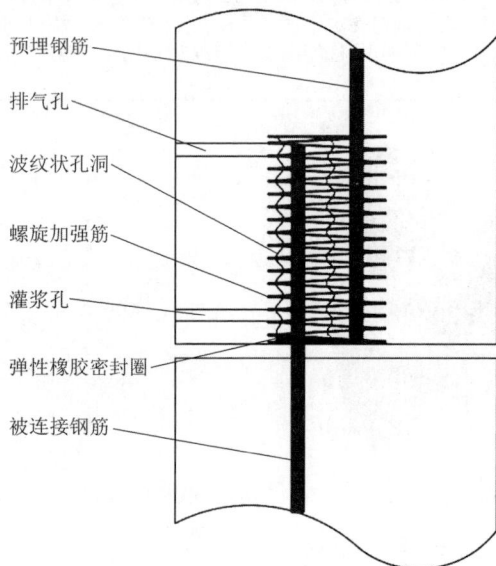

图 4.12　螺旋箍筋约束浆锚连接示意图　　　　图 4.13　金属波纹管浆锚连接示意图

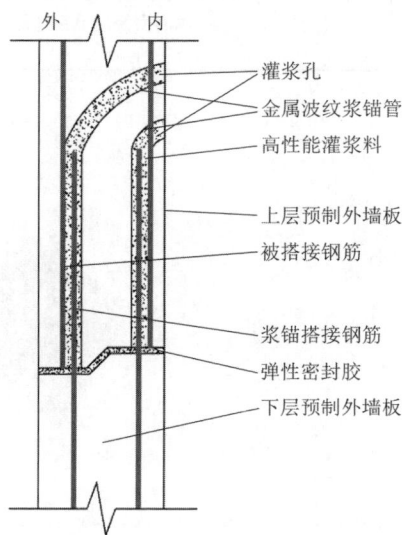

（3）套筒灌浆连接

套筒灌浆连接是将预制钢筋插入带有凹凸槽的高强度套筒内进行连接，然后在钢筋与套筒内腔之间注入无收缩、高强度的灌浆料，即以高强度材料为骨料（如石英砂、金刚石等），以水泥、灌浆母料等为介质，辅以高流态、微膨胀、防离析等外加剂（如减水剂），从而实现预制构件钢筋连接的目的。简单来说，就是预制墙板在工厂生产时先预留孔，然后在施工阶段安装完成后将高强度的混凝土浇灌进去。

套筒作为钢筋连接器，在 20 世纪 60 年代后期被发明，经过不断尝试改良，人们已经研发出成熟的套筒产品，且在后续的发展中逐渐形成全灌浆套筒和半灌浆套筒两种套筒灌浆连接形式。

套筒早期形式即为全灌浆套筒，套筒两端插入不连续钢筋并通过灌浆实现钢筋连接。全灌浆套筒主要用于水平钢筋的连接；半灌浆套筒为后期形成的套筒形式，套筒一端钢筋（一般为预埋钢筋）采用螺纹与套筒连接，另一端钢筋（伸出预制构件表面的不连续钢筋）则采用灌浆锚固在套筒内。半灌浆套筒主要用于纵向钢筋的连接，其主要的构造形式如图 4.14、图 4.15 所示。

全灌浆套筒连接方式具有高强度连接、稳定性好、抗腐蚀性强、灵活性强和施工方便等特点。半灌浆套筒连接方式具有高强度连接、灵活性好、节约材料、施工方便和可控性强等特点。因此，这两种套筒灌浆连接方式在建筑行业得到广泛应用。

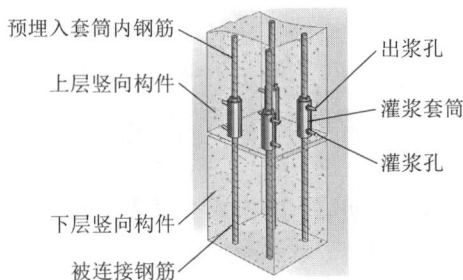

图 4.14 套筒灌浆连接

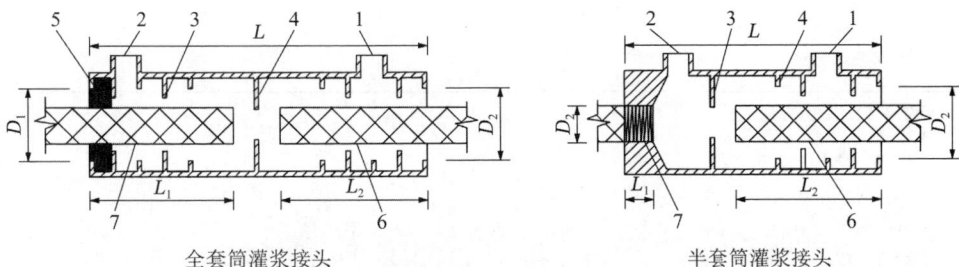

全套筒灌浆接头　　　　　　　　半套筒灌浆接头

图 4.15 套筒灌浆接头的分类和构造示意

1—灌浆孔；2—排浆孔；3—剪力槽；4—钢筋限位挡板；5—封浆橡胶环；6—预留插入钢筋；7—预制端钢筋

4.5.4 装配式建筑与现浇建筑的对比

（1）装配式建筑

装配式建筑是一种现代化的建筑形式，其采用工厂预制的标准化构件在施工现场进行快速组装和安装。这种建筑方式的核心在于将建筑构件的生产从施工现场转移到工厂内进行，通过标准化、模块化的设计，实现高效的工业化生产。预制构件包括墙板、楼板、梁、柱等，通过机械化手段进行大规模生产，确保质量的稳定性和一致性。装配式建筑的施工过程明显降低了现场湿作业的比例，减少了对环境的影响。预制构件在工厂内生产，受天气和环境因素的影响较小，施工周期得以缩短。此外，装配式建筑在设计阶段就充分考虑了构件的标准化和模块化，以便于后期的维护和改造，延长建筑的使用寿命和提高可持续性。

（2）传统现浇建筑

传统现浇建筑是一种常见的建筑形式，其核心工艺是在施工现场浇筑混凝土，以形成建筑结构的主体。现浇建筑通过现场支模、钢筋绑扎、混凝土浇筑及养护等一系列工序完成建筑的结构构件。这种建筑方式的主要特点是现场作业量大，对施工现场的环境条件要求较高，施工周期相对较长。现浇建筑可以根据设计需求进行灵活的结构布置，适应各种复杂的建筑设计，具有较高的适应性和灵活性。现浇混凝土结构因其整体性好、刚度大、抗震性能优越，被广泛应用于各类建筑工程中。然而，现浇建筑的施工过程容易受到天气、温度等环境因素的影响，尤其在恶劣气候条件下，施工进度和质量控制存在较大挑战。现浇建筑还需要大量的模板和支撑系统，这增加了施工的复杂性和成本。

（3）装配式建筑与传统现浇建筑的对比

装配式建筑与传统现浇建筑在施工工艺、材料使用、成本构成等方面存在明显差异。装配式建筑采用工厂预制的标准化构件在现场组装施工，施工周期短、环保效果好、质量稳定性高，尤其适用于需要快速建造和高质量控制的工程项目。传统现浇建筑则采用在施工现场浇筑混凝土成型的方式，施工灵活性高，可适应复杂的设计需求，但施工周期长、现场作业量大、对环境的影响较大。装配式建筑在施工中减少了湿作业的比例，施工现场更加整洁，有利于提升施工安全和环保水平，而现浇建筑由于大量的现场操作，对施工管理和技术要求更高。成本方面，装配式建筑的初始投资较高，主要体现在预制构件的生产和运输费用上，但其后期维护成本较低，且施工周期短，间接成本较低。现浇建筑虽然初始材料和施工成本相对较低，但由于施工周期长，间接成本和维护费用较高。总体来看，装配式建筑和传统现浇建筑各有优势，在实际应用中应根据项目需求、环境条件、施工周期等因素综合考虑，选择最适合的建筑形式。

在线习题

本章习题请扫二维码练习。

第 5 章
装配式建筑碳排放核算方法

5.1　核算目的

　　本章提供一种装配式建筑碳排放核算的体系框架，用于提供装配式建筑全寿命周期内各阶段碳排放量信息，作为装配式建筑在气候变暖方面影响的评价、参考依据。通过对成都市某中学装配式教学楼的建筑案例进行碳排放核算，评价装配式建筑全寿命周期节能减排潜力，探讨建筑减排对策。

5.2　核算范围

5.2.1　温室气体

　　现有文献中关于温室气体的碳排放度量，通常采用质量来度量［二氧化碳当量（CO_2e）］。但是对于碳排放应包含哪些温室气体，在一个产品或者一项活动过程的碳排放研究中，不同学者考虑的温室气体种类会有所差异。

　　温室效应是由多种气体共同作用的结果，目前对温室气体的界定通常是按照《京都议定书》中的标准，包括二氧化碳（CO_2）、甲烷（CH_4）、氧化亚氮（N_2O）、氢氟碳化物（HFCs）、全氟碳化合物（PFCs）、六氟化硫（SF6）。

　　《省级温室气体清单编制指南（试行）》指出 CO_2、CH_4、N_2O 占全部温室气体排放量的百分比最高。本案例与现有标准的通用指标保持一致，将其他温室气体，如甲烷（CH_4）和氧化亚氮（N_2O）也列入研究范围。国际标准中衡量碳排放的指标是二氧化碳当量（CO_2e），其他温室气体按《2006 年 IPCC 国家温室气体清单指南》的全球增温潜势（GWP）系数换算成二氧化碳当量 CO_2e。CO_2、CH_4、N_2O 三种温室气体的全球增温潜势如表 5.1 所示。

表 5.1　三种温室气体的全球增温潜势

温室气体		时间跨度内的 GWP		
名称	化学式	20 年	100 年	500 年
二氧化碳	CO_2	1	1	1
甲烷	CH_4	72	25	7.6
氧化亚氮	N_2O	289	298	153

　　由表 5.1 可知，在 500 年的时间尺度上，甲烷的 GWP 是 7.6，氧化亚氮的 GWP 是 153。这意味着，相对于单位质量的二氧化碳，甲烷在 500 年的时间内造成全球变暖的能力是二氧

化碳的 7.6 倍，而氧化亚氮则是二氧化碳的 153 倍。此外，随着时间推移，甲烷和氧化亚氮的 GWP 有逐渐减小的趋势。

5.2.2　系统类型

本章的碳排放核算对象是成都市某中学教学楼，为装配式公共单体建筑。本次碳排放核算不涉及建筑行业宏观层面的评价，只针对微观层面的单体建筑进行全寿命周期碳排放计算和评价。碳排放核算中所涉及的计算公式和方法同样适用于除教学楼以外的公共建筑和住宅建筑，不同建筑类型的碳排放差异主要是由各建筑的特定使用要求和功能造成的。

5.2.3　系统边界

将建筑的全寿命周期看作一个系统，其系统边界包含了形成建筑实体和功能的，由中间产品流连接起来的单元过程的集合，包括建筑材料的生产、预制构件加工、运输、施工安装、使用期的运营维护、回收利用和拆除处置。中间产品流通过对物质、能量的使用和回收，为人类提供产品和服务。碳排放核算的系统边界如图 5.1 所示。

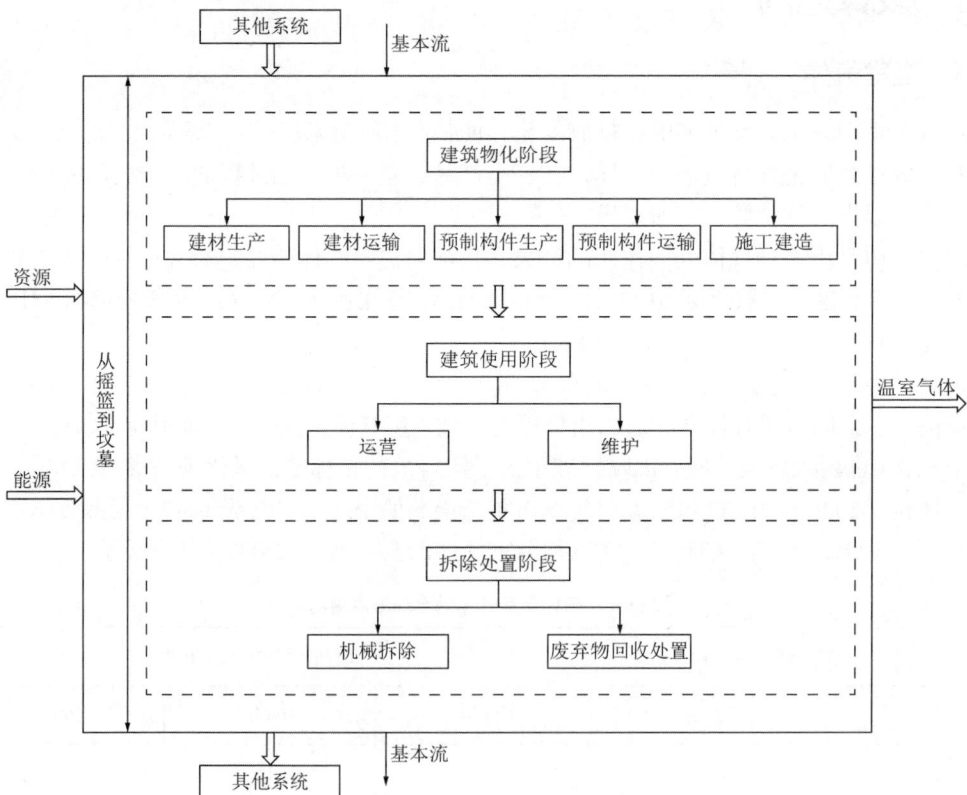

图 5.1　碳排放核算的系统边界

5.2.3.1　时间范围界定

装配式建筑全寿命周期可以简单划分为物化阶段、使用阶段以及拆除处置阶段。相比较而言，物化阶段在全寿命周期里持续时间是较短的，但是物化阶段是建筑物从"无形"到"有形"的重要阶段，集中消耗大量材料和能源并产生大量碳排放。该阶段数据收集容易，来源可靠。拆除处置阶段持续时间较短，碳排放量比重最低，但二氧化碳排放在短期内集中释放，单位时间内碳排放强度大。与物化阶段不同，拆除处置阶段的碳排放数据较少，案例匮乏。垃圾处理再利用、再生骨料等技术为建筑碳减排带来巨大潜力，因此该阶段的工作不能忽视。使用阶段的能耗和碳排放量是建筑全寿命周期中占比最大的阶段，该阶段持续时间最长。与其他两个阶段相比，使用阶段的资源消耗和环境影响水平更多地与建筑年限、使用者的行为方式和建筑功能用途密切相关。

5.2.3.2　空间计算范围的界定

空间计算范围的定义为建筑全寿命周期内，为完成建筑工程而进行的一切生产活动的空间场所，包括预制构件厂、材料生产厂、施工现场、回收站等。为进一步完善研究系统边界，将交通运输过程即建筑材料和预制构件从工厂到施工现场、从现场到建筑垃圾处理厂的运输路线也纳入空间计算范围。

5.2.3.3　对象范围界定

建筑碳排放的研究中，识别建筑碳排放对象的方法有多种，其中常用的一种是将碳排放分成 3 个范围，即直接碳排放、间接碳排放和其他间接碳排放。另一种常见的识别方式是将碳排放分成 3 个部分，即人工、材料和机械。大多数学者以后者来考虑碳排放源。本案例也从人工、材料、机械三个方面在全寿命周期的各个阶段来考虑对象范围的界定。

（1）建材生产阶段

在建材生产阶段，理论上应考虑整个寿命周期内所需要消耗的全部材料，但是该阶段涉及的材料种类和数量众多，且受到材料碳排放因子库不完善和现场数据统计难度大等客观条件的限制，因此，在实际核算时需要对数据进行合理取舍。在实际应用中，可以按照"二八定律"（"二八定律"由意大利经济学家帕累托在 19 世纪末提出的一个重要经济学理论。该理论指出，在任何一个系统中，80% 的结果来自 20% 的原因，这个比例即为 2∶8）考虑纳入计算的建筑材料，包括建筑主体结构材料、建筑围护结构材料、建筑构件和部品等，将其中重量不低于建筑中所耗建材总重量的 80% 的建筑材料纳入计算。

建材生产阶段的碳排放核算主要考虑原材料开采与加工、建材及预制构件生产时的机械设备能源（柴油、汽油、电力等）消耗、材料消耗和工人活动带来的碳排放量。建材生产阶段碳排放核算的边界见图 5.2。

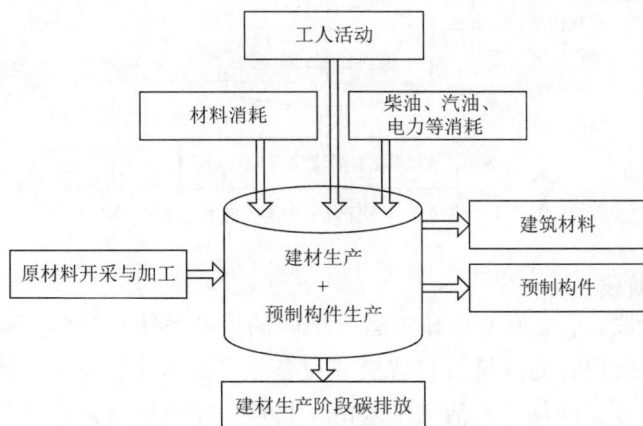

图 5.2　建材生产阶段碳排放核算的边界

（2）建材运输阶段

在建材运输阶段，本案例考虑的范围是建筑材料、预制构件和建筑的废弃物在基地外运输所产生的温室气体排放。具体包括从建筑材料加工厂到施工现场的运输过程、从预制构件材料到预制构件厂的运输过程和把预制构件从预制构件厂运输到装配现场的过程的碳排放。而一些大型设备的进出场和施工现场水平运输、垂直运输不计入。建材运输阶段碳排放核算的边界见图5.3。

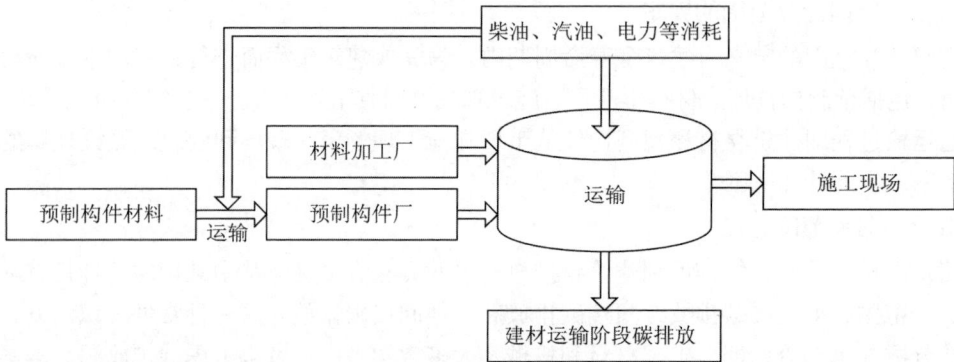

图 5.3   建材运输阶段碳排放核算的边界

（3）建筑施工建造阶段

在建筑施工建造阶段，本案例考虑混凝土预制构件（PC 构件）现场装配和采用传统现浇工艺施工所需要的各类机械设备使用过程中消耗的柴油、汽油、电力等能源产生的碳排放，以及工人活动带来的碳排放。建筑施工建造阶段碳排放核算的边界如图 5.4所示。

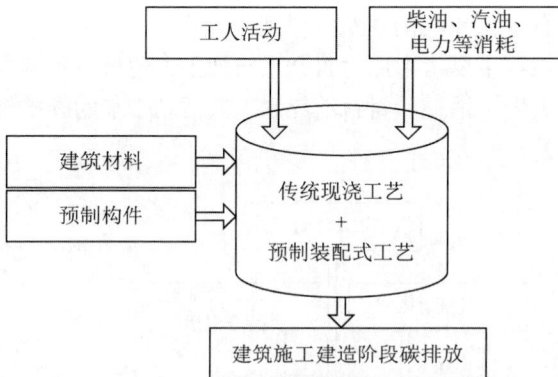

图 5.4   建筑施工建造阶段碳排放核算的边界

（4）建筑使用阶段

在建筑使用阶段，本案例考虑建筑运行期间的设备系统（暖通空调系统、照明系统、常用电器）和建筑维护时的建筑材料替换或设备生产、运输及安装所用的机械设备因能源消耗产生的碳排放，以及工人活动带来的碳排放。建筑使用阶段碳排放核算的边界见图 5.5。

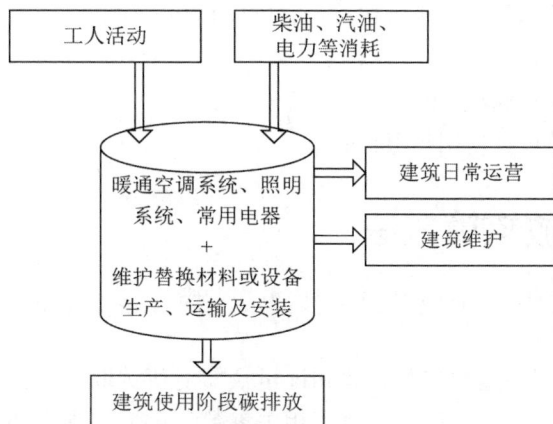

图 5.5　建筑使用阶段碳排放核算的边界

（5）建筑拆除处置阶段

在建筑拆除处置阶段,本案例考虑建筑拆除施工过程中机械设备消耗能源产生的碳排放,以及工人活动带来的碳排放和在建筑基地范围内对建筑碳排放贡献较大的建材废弃物的处理过程中的碳排放。废弃物处理过程包括废弃物运输、填埋、焚烧、回收利用等。回收利用使材料能循环再使用,其带来的环境效益在该阶段的碳排放中被扣除,为碳减排。建筑拆除处置阶段碳排放核算的边界见图 5.6。

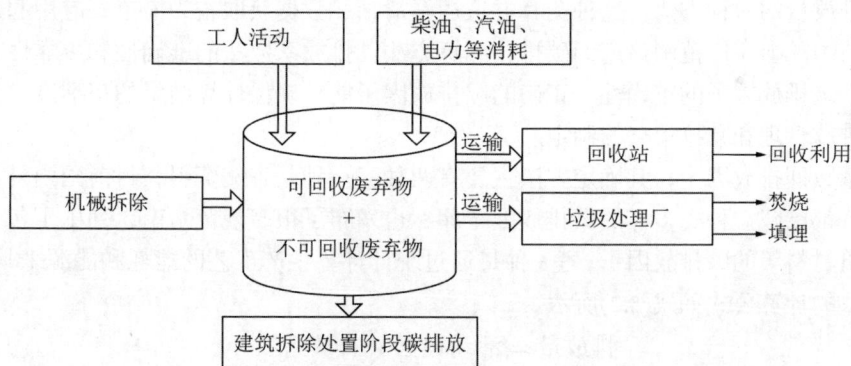

图 5.6　建筑拆除处置阶段碳排放核算的边界

5.3　功能单位

建筑规模、建筑材料的选择以及机械设备的配置各不相同,加之评价年限的差异,这些因素都会直接导致建筑的碳排放量存在很大差异。因此,如果仅以建筑全寿命周期的碳排放总量作为评价标准,可能会缺乏可比性。功能单位是对所选产品的功能属性的量化,也是比较不同产品系统间环境影响大小的基础。鉴于此,选取建筑物每年每单位面积碳排放量作为指标,来比较不同建筑设计方案和不同结构的建筑物之间的碳排放情况,将更具有可比性和一致性。单位建筑面积年碳排放量(Q)由建筑碳排放量(C)除以建筑面积(S)和建筑年限(A)得到,计量单位为 $kgCO_2/(m^2 \cdot a)$,其计算公式如下:

$$Q = \frac{C}{S \times A} \tag{5.1}$$

式中　Q——建筑单位面积年碳排放量，$kgCO_2/(m^2 \cdot a)$；

　　　C——建筑碳排放量，$kgCO_2$；

　　　S——总建筑面积，m^2；

　　　A——建筑设计使用年限，a。

5.4　碳排放核算方法

常用的碳排放核算方法有三种：实测法、排放系数法、物料衡算法。

（1）实测法

实测法是采用一定的实测方法和计量仪器对所选取的碳排放源进行现场的实际测量，获取目标气体的浓度、流量和流速等相关参数，再采用国家环保部门的数据来分析目标气体排放总量的一种统计测算方法。如果实测法的样品收集科学，样品数据准确，那么实测法的测量结果精确度就高。实测法的缺点是测量过程烦琐且耗费的时间、人力与资金成本较大，对样品数据的代表性和精确度都难以控制，所以实测法在我国应用的实例不多，还未得到普及。一般用于实时监测发电全过程排放烟气、农业及森林生态系统碳排放量的估算等。

（2）排放系数法

排放系数法是由 IPCC 提出的一种碳排放核算方法，是指将单位产品在正常技术标准、经济和管理条件下所排放的气体数量的统计平均值作为基础数据与碳源的碳排放活动数据相乘得到碳排放量的一种方法。这种测算方法逻辑清晰、数据获取较为简单，应用起来较为方便，是目前国际上应用范围最广的碳排放测算方法。排放系数法的准确性和可靠性在很大程度上取决于碳排放因子的正确性。正确的碳排放因子能够确保计算结果的精准度，从而支持有效的碳排放管理和减排策略的制定。

排放系数即排放因子，其确定方法主要有两种：一种是查阅资料，目前国内外许多权威组织、学者都已建立种类多样的碳排放因子库，也发布了很多规范指南，列出了包含能源、电力和建筑材料等的碳排放因子；另一种是通过统计计算生产工艺的能耗和能源来具体确定。排放系数法的计算公式如式(5.2)所示。

$$排放量 = 活动数据 \times 排放系数 \tag{5.2}$$

（3）物料衡算法

物料衡算法遵循的原理是质量守恒定律，即投入物质量等于产出物质量，是一种在生产过程中将使用和产生的物料量化的计算方法。该方法适用于整个生产系统或者部分过程的碳排放计算。其优点是对碳排放的测算结果较为精准，能区分不同碳源在生产过程中所释放的碳排放量差异，但是当化学成分较为复杂时，需要详细分析的活动数据（碳排放活动数据指的是各种建材的用量和各种能源的消耗量）分类也相对复杂，工作量大，会导致成本增加。

三种碳排放核算方法的对比如表 5.2 所示。

表 5.2　三种碳排放核算方法对比

方法	优点	缺点	适用情况
实测法	结果最能反映实际、精确度最高	对实测环境条件和数据获取与处理分析方法要求高；投入的时间、人力与资金成本大；结果受到样品数据的代表性和精确度影响	针对微观领域的碳排放研究；国家或地区环境监测部门有可靠的数据

方法	优点	缺点	适用情况
排放系数法	数据易得；应用广泛；现今碳排放因子库较完善	排放系数会因为技术水平、施工工艺、生产状况等因素有较大差异；精确度不及另外两种方法；碳排放因子库需要不断更新	对于宏观领域和微观领域均适用；统计数据不够全面的国家、地区和企业
物料衡算法	结果精确度较高；能系统全面地研究整个生产系统或部分过程的碳排放物产生	对投入和产出量需要详细分析和跟踪，过程相对复杂；活动数据分类工作量大，成本高	适用于宏观领域；整个系统过程中物质的来源去向数据准确可靠且非二氧化碳气体排放量极少

上述三种方法的计算原理、应用特点和适用场景各不相同，通过对比后，本案例选择排放系数法作为装配式建筑全寿命周期碳排放的核算方法。因为本章的研究对象是单栋装配式建筑，碳排放的核算属于微观范畴，所以可以选用实测法和排放系数法。虽然实测法的结果最为精准，但其操作复杂、专业性较强、所耗成本较大、结果的准确性受样品影响大，而排放系数法已经有大量的研究案例采用，理论基础扎实、数据容易获取、思路简单。

5.5　基础数据来源

为了构建本案例的评价体系并进行装配式建筑全寿命周期碳排放定量分析，需要依据确定的目标和范围对装配式建筑生产全过程的各种输入量和输出量进行收集和筛选，包括不同阶段的材料使用量、项目工程量、运输距离、能源消耗量、机械设备使用台班和材料回收量等数据。每种数据类型对应的碳排放因子是装配式建筑全寿命周期碳排放核算过程中最重要的基础数据。建筑各阶段的清单数据及来源见表 5.3。

第 5 章

表 5.3　建筑各阶段的清单数据及来源

建筑全寿命周期的阶段		清单数据	数据来源
建筑物化阶段	建材生产阶段	主要建材消耗量	工程预算书
	建材运输阶段	运输方式、运输重量、运输距离	工程预算书、厂家信息、相关估算标准
	施工建造阶段	施工机械种类及台班使用量、每台班能源消耗量	工程预算书、施工图纸、相关工程量定额规则以及相关建筑碳排放计算标准
建筑使用阶段	维护阶段	维护材料的生产、运输和施工活动因子	施工图纸及相关资料
	运营阶段	建筑运行年能源消耗值	暖通电气等相关设计资料、能耗软件模拟
拆除处置阶段	拆除阶段	建筑拆除面积、拆除机械种类及台班使用量、每台班能源消耗量	施工图纸、相关工程量定额规则及其他相关资料
	处置阶段	废弃物的总量、回收利用率、运输距离	建筑废弃物技术规范、实地调研、依据相关标准进行估算及其他相关资料

5.6　碳排放因子分析

本案例选用排放系数法核算装配式建筑全寿命周期的碳排放，首先要获取主要能源、材料、交通运输及施工机械设备的碳排放因子。碳排放因子均由试验测定而来，但由于不同机构在试验中的测定方法、标准和数据来源等不统一，各个机构测定的碳排放因子存在一定误差。核算建筑的碳排放量时，优先选取国内政府部门和国际权威组织提供的数据，在数据不足时查阅并借鉴国内外具有权威性的学术成果，并优先采用最新发布的数据。

5.6.1　能源碳排放因子

5.6.1.1　化石能源碳排放因子

化石能源碳排放因子是指消耗单位质量的能源所产生的温室气体排放量，《2006 年 IPCC 国家温室气体清单指南》提供了较为全面且完整的化石能源碳排放因子库，但是其热量单位（GJ）与我国通用热量计算单位（标准煤）不统一，所以还应在热量单位统一的前提下，结合我国现状，按 IPCC 的测算方法重新测算化石能源碳排放因子，公式见式(5.3)：

$$化石能源碳排放因子（kgCO_2/kg）= 单位热值含碳量（kg/GJ）\times$$
$$平均低位发热量（kJ/kg 或 kJ/m^3）\times$$
$$碳氧化率（\%）\times 44/(12\times 10^{-6}) \qquad (5.3)$$

单位热值含碳量、碳氧化率数据从我国《省级温室气体清单编制指南（试行）》（发改办气候〔2011〕1041 号）中获取，各类能源的平均低位发热量从《综合能耗计算通则》（GB/T 2589—2020）中获取。各类化石能源碳排放因子计算结果整理如表 5.4 所示。

表 5.4　化石能源碳排放因子计算结果

能源名称	单位热值含碳量/（kg/GJ）	平均低位发热量/（kJ/kg 或 kJ/m³）	碳氧化率/%	碳排放因子/（kgCO₂/kg 或 kgCO₂/m³）
无烟煤	27.4	20934	94	1.90
焦炭	29.5	28470	93	2.86
原油	20.1	41868	98	3.02
燃料油	21.1	41868	98	3.17
汽油	18.9	43124	98	2.93
喷气煤油	19.5	43124	98	3.02
柴油	20.2	42705	98	3.10
液化石油气	17.2	50242	98	3.10
炼厂干气	18.2	46055	98	3.01
天然气	15.3	38931	99	2.16

5.6.1.2　电力碳排放因子

电能是世界上运用最广泛的二次能源，其碳排放因子会因为地区之间能源结构的差异而存在不同。就能源结构而言，电力来源包括火力发电、风力发电、水力发电、太阳能发电、核能发电和潮汐能发电等。通常认为火力发电占比越高的地区碳排放因子越大，相应的碳排放量越大，而风力发电、水力发电以及太阳能发电等清洁发电方式占比越高的地区碳排放因子越小，甚至可达到零碳排放。本案例中电力碳排放因子按照我国《省级温室气体清单编制指南（试行）》中的数据取值（该指南引用了 2005 年中国各区域电网单位供电平均二氧化碳排放量），整理见表 5.5。

表 5.5　电力碳排放因子取值

电网名称	覆盖地区	排放因子/ $[kgCO_2/(kW·h)]$
华北区域电网	北京市、天津市、河北省、山西省、山东省、内蒙古自治区西部地区	1.246
东北区域电网	辽宁省、吉林省、黑龙江省、内蒙古自治区东部地区	1.096
华东区域电网	上海市、江苏省、浙江省、安徽省、福建省	0.928
华中区域电网	河南省、湖北省、湖南省、江西省、四川省、重庆市	0.801
西北区域电网	陕西省、甘肃省、青海省、宁夏回族自治区、新疆维吾尔自治区	0.977
南方区域电网	广东省、广西壮族自治区、云南省、贵州省	0.714
海南电网	海南省	0.917

5.6.2　建材碳排放因子

由于工程建设中运用的建筑材料种类多样、数量繁多，对各个种类建材的碳排放因子进行收集工作较为复杂。目前我国还没有完整统一的建材碳排放因子库可供参考，所以针对各种建材，本教材选取我国住房和城乡建设部发布的《建筑碳排放计算标准》（GB/T 51366—2019）中的建材碳排放因子，缺失的部分建材碳排放因子，利用近期相关文献中的建材碳排放因子补足。对于具体型号未知的建材，按照常用或者本项目主要采用的建材类型进行计算。总结出的主要建筑材料碳排放因子见表 5.6。

表 5.6　建筑材料碳排放因子

建材名称	碳排放因子	单位	建材名称	碳排放因子	单位
钢筋	2670	$kgCO_2/t$	硬聚氯乙烯管	7.93	$kgCO_2/kg$
C15 混凝土	225	$kgCO_2/m^3$	铝合金门	46.30	$kgCO_2/m^2$
C20 混凝土	250	$kgCO_2/m^3$	铝合金窗	46.30	$kgCO_2/m^2$
C25 混凝土	267.70	$kgCO_2/m^3$	成品木门	878	$kgCO_2/m^3$
C30 混凝土	295	$kgCO_2/m^3$	木质防火门	878	$kgCO_2/m^3$
C35 混凝土	307.70	$kgCO_2/m^3$	陶粒	0.327	$kgCO_2/kg$
页岩空心砖	204	$kgCO_2/m^3$	腻子粉	440	$kgCO_2/t$
页岩实心砖	292	$kgCO_2/m^3$	大理石	3.17	$kgCO_2/t$

续表

建材名称	碳排放因子	单位	建材名称	碳排放因子	单位
粉煤灰	1.50	$kgCO_2/t$	自粘防水卷材 （SBS 防水卷材）	2.38	$kgCO_2/m^2$
32.5 级水泥	820	$kgCO_2/t$	聚合物水泥（JS） 防水涂料	7.36	$kgCO_2/t$
42.5 级水泥	920.03	$kgCO_2/t$	陶瓷砖	13.30	$kgCO_2/m^2$
砂	2.51	$kgCO_2/t$	涂料	2.60	$kgCO_2/kg$
碎石	2.18	$kgCO_2/t$	乳胶漆	6.90	$kgCO_2/kg$
石灰膏	747	$kgCO_2/t$	铝	2600	$kgCO_2/t$
生石灰	1190	$kgCO_2/t$	轻钢龙骨吊顶	3.80	$kgCO_2/m^2$
硅酸钙板	242	$kgCO_2/m^3$	不锈钢产品	1.45	$kgCO_2/kg$
挤塑聚苯乙烯板	669	$kgCO_2/m^3$	自来水	0.168	$kgCO_2/t$
岩棉板	1980	$kgCO_2/t$	镀锌钢管	2200	$kgCO_2/t$
矿棉装饰吸声板	1200	$kgCO_2/t$	橡胶	3360	$kgCO_2/t$
泡沫混凝土	735	$kgCO_2/t$	—	—	—

5.6.3 机械设备碳排放因子

本案例涉及的机械设备主要用于建筑施工和拆除，机械设备碳排放因子可以用每单位机械台班能源消耗量乘以能源相应的碳排放因子进行计算得到，所以机械设备碳排放因子与机械类型、规格型号及单位能源碳排放因子大小有关。目前施工机械设备消耗的能源主要是汽油、柴油和电力，三种能源的碳排放因子已在 5.6.1 节给出，每单位机械台班能源消耗量数据在《建筑碳排放计算标准》（GB/T 51366—2019）中获取，计算结果见表 5.7。

表 5.7　常用施工机械碳排放因子

机械名称	性能规格		能源用量			碳排放因子/ （$kgCO_2$/台班）
			汽油/kg	柴油/kg	电/ （$kW \cdot h$）	
履带式推土机	功率	75kW	—	56.50	—	175.15
履带式单斗液压挖掘机	斗容量	0.6m³	—	33.68	—	104.41
履带式单斗液压挖掘机	斗容量	1m³	—	63.00	—	195.3
电动夯实机	夯击能量	250N·m	—	—	16.6	13.30
干混砂浆罐式搅拌机	公称储量	20000L	—	—	28.51	22.84
混凝土整平机	功率	5.5kW	—	—	23.14	18.54
钢筋调直机	直径	14mm	—	—	11.9	9.53
钢筋切断机	直径	40mm	—	—	32.1	25.71

续表

机械名称	性能规格		能源用量			碳排放因子/（kgCO$_2$/台班）
			汽油/kg	柴油/kg	电/（kW·h）	
钢筋弯曲机	直径	40mm	—	—	12.8	10.25
直流弧焊机	容量	32kV·A	—	—	93.6	74.97
交流弧焊机	容量	32kV·A	—	—	96.53	77.32
对焊机	容量	75kV·A	—	—	122.00	97.72
电焊条烘干箱	容量	45cm×35cm×45cm	—	—	6.70	5.37
木工圆锯机	直径	500mm	—	—	24.00	19.22
灰浆搅拌机	拌筒容量	200L	—	—	8.61	6.90
潜水泵	口径	50mm	—	180.4		559.24
载重汽车	装载质量	6t	—	33.24		103.04
载重汽车	装载质量	8t	—	35.49		110.02
载重汽车	装载质量	15t	—	56.74		175.90
自卸汽车	装载质量	15t	—	52.93		164.08
汽车式起重机	提升质量	8t	—	28.43		88.13
汽车式起重机	提升质量	16t	—	35.85		111.14
汽车式起重机	提升质量	20t	—	38.41		119.07
汽车式起重机	提升质量	40t	—	48.52		150.41
自升式塔式起重机	提升质量	400t	—	—	164.31	131.61
自升式塔式起重机	提升质量	2500t	—	—	266.04	213.10
平板拖车组	装载质量	40t	—	57.37		177.85
电动吊篮	额定荷载	0.63t	—	—	14.4	11.53
单笼施工电梯	提升质量 1t	提升高度 75m	—	—	42.32	33.90
电动弯管机	管径	108mm	—	—	32.1	25.71
管子切断机	管径	150mm	—	—	12.9	10.33
氩弧焊机	电流	500A	—	—	70.7	56.63

5.6.4　建材运输碳排放因子

交通运输方式主要有铁路运输、水路运输、公路运输和航空运输四种，我国建筑行业常用的建材运输方式为铁路运输、公路运输（柴油）和公路运输（汽油）。因此，本案例主要考虑这两种交通运输方式的碳排放因子，具体数据参考《建筑碳排放计算标准》（GB/T 51366—2019），部分建材运输碳排放因子整理见表 5.8。

表 5.8　各类运输方式的碳排放因子

运输方式类别	交通工具类别	碳排放因子/$[kgCO_2/(t \cdot km)]$
公路运输	轻型汽油货车运输（载重 2t）	0.334
	中型汽油货车运输（载重 8t）	0.115
	重型汽油货车运输（载重 10t）	0.104
	重型汽油货车运输（载重 18t）	0.104
	轻型柴油货车运输（载重 2t）	0.286
	中型柴油货车运输（载重 8t）	0.179
	重型柴油货车运输（载重 10t）	0.162
	重型柴油货车运输（载重 18t）	0.129
	重型柴油货车运输（载重 30t）	0.078
	重型柴油货车运输（载重 46t）	0.057
铁路运输	电力机车运输	0.010
	内燃机车运输	0.011
	铁路运输（中国市场平均）	0.010

5.7　装配式建筑全寿命周期的碳排放计算公式

根据建筑全寿命周期碳排放核算范围的界定，整个寿命周期包含建材生产、建材运输、施工建造、建筑使用及拆除处置五个阶段。建筑全寿命周期的总碳排放量为各个阶段的碳排放量之和，其数学计算表达式如式(5.4)所示：

$$C_q = C_{sc} + C_{ys} + C_{sg} + C_{yw} + C_{cz} \tag{5.4}$$

式中　C_q——建筑全寿命周期的碳排放量，$kgCO_2$；

$\quad\quad C_{sc}$——建材生产阶段的碳排放量，$kgCO_2$；

$\quad\quad C_{ys}$——建材运输阶段的碳排放量，$kgCO_2$；

$\quad\quad C_{sg}$——施工建造阶段的碳排放量，$kgCO_2$；

$\quad\quad C_{yw}$——建筑使用阶段的碳排放量，$kgCO_2$；

$\quad\quad C_{cz}$——拆除处置阶段的碳排放量，$kgCO_2$。

5.7.1　装配式建筑物化阶段的碳排放计算公式

装配式建筑物化阶段碳排放量（C_{wh}）等于与其相关的建材生产阶段、建材运输阶段、预制构件生产阶段、预制构件运输阶段和施工建造阶段的碳排放量之和。2017 年的《成都市城乡建设委员会关于进一步明确土地出让阶段绿色建筑和装配式建筑建设要求的通知》指出，当采用混凝土结构时，单体建筑预制装配率具体要求为：总建筑面积小于 2 万 m² 的公共建筑项目和总建筑面积小于 20 万 m² 的居住建筑项目，单体建筑预制装配率应不低于 20%。可见，装配式建筑的现浇部分仍然占有一定的比重。因此，需结合装配式建筑的特点，将物化阶段的碳排放分为预制部分和现浇部分进行测算。则装配式建筑物化阶段碳排放

（C_{wh}）等于预制部分的碳排放（C_y）与现浇部分的碳排放（C_x）之和，计算公式如式(5.5)所示。

$$C_{wh} = C_{x,wh} + C_{y,wh} \tag{5.5}$$

式中　C_{wh}——装配式建筑物化阶段的总碳排放量，$kgCO_2$；

$\quad\quad C_{x,wh}$——现浇部分物化阶段的碳排放量，$kgCO_2$；

$\quad\quad C_{y,wh}$——预制部分物化阶段的碳排放量，$kgCO_2$。

$$C_{x,wh} = C_{x,sc} + C_{x,ys} + C_{x,sg} \tag{5.6}$$

式中　$C_{x,sc}$——现浇部分建材生产阶段的碳排放量，$kgCO_2$；

$\quad\quad C_{x,ys}$——现浇部分建材运输阶段的碳排放量，$kgCO_2$；

$\quad\quad C_{x,sg}$——现浇部分施工建造阶段的碳排放量，$kgCO_2$。

$$C_{y,wh} = C_{y,sc} + C_{y,ys} + C_{y,gs} + C_{y,gy} + C_{y,sg} \tag{5.7}$$

式中　$C_{y,sc}$——预制部分建材生产阶段的碳排放量，$kgCO_2$；

$\quad\quad C_{y,ys}$——预制部分建材运输阶段的碳排放量，$kgCO_2$；

$\quad\quad C_{y,gs}$——预制部分预制构件生产阶段的碳排放量，$kgCO_2$；

$\quad\quad C_{y,gy}$——预制部分预制构件运输阶段的碳排放量，$kgCO_2$；

$\quad\quad C_{y,sg}$——预制部分施工建造阶段的碳排放量，$kgCO_2$。

5.7.1.1　现浇部分物化阶段的碳排放计算公式

（1）现浇部分建材生产阶段的碳排放计算公式

建材生产阶段的碳排放仅考虑前期建材生产所产生的碳排放，即原材料和能源的开采、生产过程、运输过程的碳排放及建筑材料生产过程的直接碳排放。现浇部分建材生产阶段碳排放计算公式如下：

$$C_{x,sc} = \sum_{i=1}^{n_1} M_{x,i} \times F_{x,i} \tag{5.8}$$

式中　$C_{x,sc}$——现浇部分建材生产阶段的碳排放量，$kgCO_2$；

$\quad\quad n_1$——现浇部分建材的种类数量；

$\quad\quad M_{x,i}$——现浇部分第 i 种主要建材的消耗量，m^3、m^2、t 等；

$\quad\quad F_{x,i}$——现浇部分第 i 种不考虑回收利用的主要建材生产阶段的碳排放因子，$kgCO_2$/单位，取值见表 6.7。

（2）现浇部分建材运输阶段的碳排放计算公式

现浇部分建材运输阶段是指材料从材料加工厂运输到施工现场的过程。运输过程中产生的碳排放主要与运输重量、运输方式及运输距离等因素相关。运输方式有公路、铁路和水路等，本案例选用公路运输。考虑到运输工具从施工现场返回时一般为空车，空载时的环境负荷是满载时的 0.67 倍，引入空车修正系数 K，取值为 1.67，即实际运输距离等于单程运输距离（D）乘以 K。该阶段的碳排放计算公式如下：

$$C_{x,ys} = C_{xh,y} + C_{xc,y} \tag{5.9}$$

$$C_{xh,y} = \sum_{j=1}^{n_2} \frac{M_{x,j}}{P} \times D_{xh,j} \times Y \times CF \times R_1 \times K \tag{5.10}$$

式中　$C_{x,ys}$——现浇部分建材运输阶段的碳排放量，$kgCO_2$；

$\quad\quad C_{xh,y}$——现浇部分混凝土运输过程中产生的总碳排放量，$kgCO_2$；

$\quad\quad C_{xc,y}$——现浇部分建材（不包括混凝土）运输过程中产生的总碳排放量，$kgCO_2$；

n_2——现浇部分混凝土种类数量;

$M_{x,j}$——现浇部分第j种强度等级混凝土的消耗量,m^3;

P——混凝土罐车容量,m^3;

$D_{xh,j}$——现浇部分第j种强度等级混凝土的运输距离,km;

Y——混凝土罐车每公里柴油消耗量,L/km;

CF——柴油碳排放因子,$kgCO_2/kg$,取值见表5.4;

R_1——单位换算系数,kg/L;

K——空车系数,取值为1.67。

$$C_{xc,y} = \sum_{i=1}^{n_1} M_{x,iz} \times D_{x,i} \times T_{x,i} \times K \tag{5.11}$$

式中 $M_{x,iz}$——现浇部分第i种主要建材的重量,t;

$D_{x,i}$——现浇部分第i种主要建材的运输距离,km;

$T_{x,i}$——现浇部分第i种主要建材的运输方式下,单位重量运输距离的碳排放因子,$kgCO_2/(t \cdot km)$,取值见表5.8。

(3)现浇部分施工建造阶段的碳排放计算公式

现浇部分施工建造阶段碳排放主要来源于施工现场机械设备的使用,可依据施工机械设备的施工台班数和相应的单位台班能源碳排放因子计算,公式如下:

$$C_{x,sg} = \sum_{i=1}^{n_3} TB_{x,i} \times E_{xtb,i} \times EF_{x,i} \tag{5.12}$$

式中 $C_{x,sg}$——现浇部分施工建造阶段的碳排放量,$kgCO_2$;

n_3——现浇部分机械设备类别数;

$TB_{x,i}$——现浇部分第i种施工机械台班消耗,台班;

$E_{xtb,i}$——现浇部分第i种施工机械的单位台班能源消耗量,$kW \cdot h$/台班或kg/台班;

$EF_{x,i}$——现浇部分第i种施工机械的能源碳排放因子,$kgCO_2/(kW \cdot h)$或$kgCO_2/kg$。

5.7.1.2 预制部分物化阶段的碳排放计算公式

(1)预制部分建材生产阶段的碳排放计算公式

预制部分建材生产阶段的碳排放计算过程与现浇部分一样,可按材料消耗量与相应材料的碳排放因子相乘进行计算,计算公式见式(5.13)。

$$C_{y,sc} = \sum_{i=1}^{n_4} M_{y,i} \times F_{y,i} \tag{5.13}$$

式中 $C_{y,sc}$——预制部分建材生产阶段的碳排放量,$kgCO_2$;

n_4——预制部分建材种类数量;

$M_{y,i}$——预制部分第i种主要建材的消耗量,m^3、m^2、t 等;

$F_{y,i}$——预制部分第i种不考虑回收利用的主要建材生产阶段的碳排放因子,$kgCO_2$/单位,取值见表5.6。

(2)预制部分建材运输阶段的碳排放计算公式

预制部分建材运输阶段碳排放是指材料从材料加工厂运输至预制构件厂的过程中,运输工具消耗能源产生的碳排放。运输的材料包括混凝土、钢筋和粉煤灰等。运输方式采用公路运输,运输距离使用空车修正系数($K = 1.67$)进行修正,即实际运输距离等于单程运输距离(D)乘以K,该阶段的碳排放计算公式如式(5.14)、式(5.15)和式(5.16)所示。

$$C_{y,ys} = C_{yh,y} + C_{yc,y} \tag{5.14}$$

$$C_{yh,y} = \sum_{j=1}^{n_5} \frac{M_{y,j}}{P} \times D_{yh,j} \times Y \times CF \times R_1 \times K \tag{5.15}$$

式中　$C_{y,ys}$——预制部分建材运输阶段的碳排放量，$kgCO_2$；

$\quad\quad C_{yh,y}$——预制部分混凝土运输过程中产生的总碳排放量，$kgCO_2$；

$\quad\quad C_{yc,y}$——预制部分建材（不包括混凝土）运输过程中产生的总碳排放量，$kgCO_2$；

$\quad\quad n_5$——预制部分混凝土种类数量；

$\quad\quad M_{y,j}$——预制部分第 j 种强度等级混凝土的消耗量，m^3；

$\quad\quad D_{yh,j}$——预制部分第 j 种强度等级混凝土的运输距离，km。

$$C_{yc,y} = \sum_{i=1}^{n_4} M_{y,iz} \times D_{y,i} \times T_{y,i} \times K \tag{5.16}$$

式中　$M_{y,iz}$——预制部分第 i 种主要建材的重量，t；

$\quad\quad D_{y,i}$——预制部分第 i 种主要建材的运输距离，km；

$\quad\quad T_{y,i}$——预制部分第 i 种主要建材的运输方式下，单位重量运输距离的碳排放因子，$kgCO_2/(t \cdot km)$，取值见表 5.8。

（3）预制部分的预制构件生产阶段的碳排放计算公式

预制部分的预制构件生产阶段是指预制材料被运到预制构件厂后，进行标准化加工生成预制构件的过程。这个阶段的碳排放主要来源于预制构件加工时消耗的大量能源和材料。因为建材生产阶段已经考虑材料消耗所导致的碳排放，所以此阶段的碳排放只计算能源消耗量，计算公式如下：

$$C_{y,gs} = \sum_{i=1}^{n_6} M_{y,gi} \times E_{sc,i} \times EF_i \tag{5.17}$$

式中　n_6——预制部分预制构件种类数量；

$\quad\quad M_{y,gi}$——第 i 种预制构件的消耗量；

$\quad\quad E_{sc,i}$——生产第 i 种单位体积预制构件的能源消耗总量；

$\quad\quad EF_i$——能源碳排放因子，$kgCO_2/$单位，取值见表 5.4。

（4）预制部分的预制构件运输阶段的碳排放计算公式

预制构件运输阶段包括预制构件从预制构件厂运输到施工现场的过程，该阶段的碳排放大多来源于起重机械和运输设备的能源消耗，预制构件运输阶段碳排放计算公式如下：

$$C_{y,gy} = \sum_{i}^{n_6} V_i \times D_{gy,i} \times K \times F_{gy,i} \tag{5.18}$$

式中　V_i——预制构件的体积，m^3；

$\quad\quad D_{gy,i}$——运输车辆从预制构件厂到施工现场的运输距离，km；

$\quad\quad F_{gy,i}$——第 i 种预制构件的运输方式下，单位体积运输距离的碳排放因子，$kgCO_2/(m^3 \cdot km)$。

（5）预制部分的施工建造阶段的碳排放计算公式

预制构件的施工建造阶段主要包含现场的布置、运输、吊装、拼装的过程，其碳排放由施工机械运行产生的能源消耗造成。该阶段的碳排放量应按下列公式计算：

$$C_{y,sg} = \sum_{i=1}^{n_7} TB_{y,i} \times E_{ytb,i} \times EF_{y,i} \tag{5.19}$$

式中 n_7——预制部分机械设备类别数量；

$\quad TB_{y,i}$——预制部分第i种施工机械台班消耗量，台班；

$\quad E_{ytb,i}$——预制部分第i种施工机械的单位台班能源消耗量，$kW \cdot h$/台班或 kg/台班；

$\quad EF_{y,i}$——预制部分第i种施工机械的能源碳排放因子，$kgCO_2/(kW \cdot h)$或 $kgCO_2/kg$。

5.7.2 建筑使用阶段碳排放计算公式

建筑使用阶段的碳排放主要来源于空调的使用耗电、照明耗电、电梯的使用耗电及热水供应、采暖等。本案例的研究对象是教学楼，仅考虑供暖和空调系统运行产生的碳排放、照明系统运行产生的碳排放和其他常用电器运行产生的碳排放。更新维护阶段碳排放是指在建筑物使用阶段的维护和修缮活动中涉及的碳排放。在建筑物运行过程中，因部分材料或构件无法达到与建筑运营阶段相同的寿命，所以需要在运营期内对其进行更新或维护。需要更换时，维护阶段的碳排放计算与建材的生产加工及运输的碳排放计算相似，转化为更换的材料量分别乘以其生产、运输和安装阶段对应的碳排放因子计算。建筑使用阶段碳排放计算公式如式(5.20)所示。

$$C_{yw} = C_{y1} + C_{y2} + C_{y3} + C_{wh} \tag{5.20}$$

式中 C_{y1}——供暖和空调系统运行产生的碳排放量，$kgCO_2$；

$\quad C_{y2}$——照明系统运行产生的碳排放量，$kgCO_2$；

$\quad C_{y3}$——其他常用电器运行产生的碳排放量，$kgCO_2$；

$\quad C_{wh}$——建筑维护阶段碳排放量，$kgCO_2$。

（1）供暖和空调系统运行产生的碳排放计算公式

供暖和空调系统的使用能耗数据来源主要有两种：一是实际运行的监测数据，二是使用能耗分析软件模拟得到的估算值。实测法能保证数据的准确性和完整性，但需要较高的管理水平，且统计工作量巨大，数据收集困难。故采用 EnergyPlus 能耗模拟软件对建筑进行全年能耗模拟，进而预估运营阶段 50 年的耗电量。供暖和空调系统运行产生的碳排放计算公式如式(5.21)～式(5.23)所示。

$$C_{y1} = \left(E_{gn} + E_{kt}\right) \times DF \times A \tag{5.21}$$

$$E_{gn} = \frac{Q_H}{\alpha_1 \times \beta_1 \times \beta_2} \tag{5.22}$$

$$E_{kt} = \frac{Q_C}{SCOP_T} \tag{5.23}$$

式中 E_{gn}——全年供暖耗电量，$kW \cdot h/a$；

$\quad E_{kt}$——全年空调耗电量，$kW \cdot h/a$；

$\quad DF$——电力碳排放因子，$kgCO_2/(kW \cdot h)$；

$\quad A$——建筑设计使用年限，a；

$\quad Q_H$——全年累计耗热量（通过动态模拟软件计算得到），$kW \cdot h$；

$\quad \alpha_1$——热源为燃气锅炉的供暖系统综合效率，取 0.75；

$\quad \beta_1$——发电煤耗，以标准煤计，$kgce/(kW \cdot h)$，取 $0.360kgce/(kW \cdot h)$；

$\quad \beta_2$——标准天然气热值，取 $9.87kW \cdot h/m^3$；

$\quad Q_C$——全年累计耗冷量（通过动态模拟软件计算得到），$kW \cdot h$；

$\quad SCOP_T$——供冷系统综合性能系数，取 2.50。

（2）照明系统运行产生的碳排放计算公式

照明系统运行产生的碳排放计算公式如式(5.24)和式(5.25)所示。

$$C_{y2} = E_{zm} \times DF \times A \tag{5.24}$$

$$E_{zm} = \sum_{i=1} G_{zm,i} \times S_{1i} \times H_{1i} \times R_2 \tag{5.25}$$

式中　E_{zm}——全年照明系统耗电量，$kW \cdot h$；

　　$G_{zm,i}$——第i种类型房间的照明功率密度，W/m^2；

　　S_{1i}——第i种类型房间的房间面积，m^2；

　　H_{1i}——第i种类型房间的年照明小时数，h/a；

　　R_2——灯具的同时使用系数，取 0.7。

（3）常用电器运行产生的碳排放计算公式

常用电器运行产生的碳排放计算公式如式(5.26)和式(5.27)所示。

$$C_{y2} = E_{dq} \times DF \times A \tag{5.26}$$

$$E_{dq} = \sum_{i=1} G_{dq,i} \times S_{2i} \times H_{2i} \times R_3 \tag{5.27}$$

式中　E_{dq}——全年设备系统耗电量，$kW \cdot h$；

　　$G_{dq,i}$——第i种类型房间的设备功率密度，W/m^2；

　　S_{2i}——第i种类型房间的房间面积，m^2；

　　H_{2i}——第i种类型房间的年设备开启小时数，h/a；

　　R_3——设备的同时使用系数，取 0.7。

（4）维护阶段产生的碳排放计算公式

各种建筑材料、构件和设备都有自然寿命，理论上只需要知道不同材料或设备在建筑设计年限内所需更换的次数即可，其中常用的建筑材料使用寿命见表 5.9。维护阶段产生的碳排放计算公式如下：

$$C_{wh} = \sum_{i=1}^{n_8} M_{w,i} \times (F_{ws,i} + F_{wy,i} + F_{wa,i}) \times U_i \tag{5.28}$$

式中　n_8——维护阶段材料或设备的种类数量；

　　$M_{w,i}$——第i种材料或设备的数量；

　　$F_{ws,i}$——第i种材料或设备生产的碳排放因子，$kgCO_2$/单位；

　　$F_{wy,i}$——第i种材料或设备运输的碳排放因子，$kgCO_2$/单位；

　　$F_{wa,i}$——第i种材料或设备安装的碳排放因子，$kgCO_2$/单位；

　　U_i——材料或设备的更新维护次数，取整数。

表 5.9　常用的建筑材料使用寿命

序号	名称	使用寿命/年	序号	名称	使用寿命/年
1	建筑框架结构	50	6	铝合金窗	25
2	电线/电缆	50	7	涂料	10
3	屋面防水卷材	30	8	外保温	15~50
4	瓷砖	30	9	铸铁水管	30
5	木门	25	10	地板	50

5.7.3　拆除处置阶段的碳排放计算公式

拆除处置阶段可划分为建筑拆除、废弃物回收和废弃物处置三个部分。该阶段碳排放的主要来源包括拆除施工过程中机械设备消耗能源产生的碳排放，回收可回收废弃物过程中产生的碳排放，以及运输、填埋和焚烧废弃物过程中产生的碳排放。拆除处置阶段的碳排放计算公式如式(5.29)所示。

$$C_{cz} = C_{cc} + C_{hs} \tag{5.29}$$

式中　C_{cc}——建筑拆除过程中的总碳排放量，$kgCO_2$；

　　　C_{hs}——废弃物回收处置过程中的总碳排放量，$kgCO_2$。

（1）拆除阶段的碳排放计算公式

在拆除阶段很难预测碳排放的情况，且有关建筑拆除阶段的文献较少。因此，综合考虑该阶段碳排放的占比大小和计算可行性，当该阶段缺乏实测数据时可以忽略该阶段的碳排放，或按照一定的比例进行估算。目前，部分学者在缺乏该阶段的实际统计数据时，参考施工阶段和运输阶段的能耗进行估算，故本案例建筑拆除阶段的碳排放按照施工和运输阶段碳排放量的90%估算。

（2）废弃物产生量计算

在计算废弃物回收过程的碳排放之前，应统计建筑拆除后产生废弃物的种类及数量。对于实际未拆除的建筑物，应根据有关标准规范进行估算。

本案例采用深圳市住房和建设局发布的《建筑废弃物减排技术规范》（SJG 21—2011）对拆除过程中产生的废弃物种类和数量进行估算，具体计算式如下：

$$M_f = A \times Q_m \tag{5.30}$$

式中　M_f——拆除阶段产生的废弃物量，kg；

　　　A——被拆除建筑的建筑面积，m^2；

　　　Q_m——拆除建筑的废弃物产生量指标，kg/m^2，其取值按表5.10所示。

表 5.10　拆除建筑的废弃物产生量指标

建筑类别	废弃物产生量指标/（kg/m²）	废弃物产生量分类指标/（kg/m²）	
公共建筑	1480	混凝土	950
		砖和砌块	125
		砂浆	240
		金属	90
		玻璃	2

注：这5种废弃物以外的废弃物产生量指标按拆除建筑的建筑废弃物产生量的10%计算。

（3）废弃物回收的碳排放计算

废弃物回收的碳排放计算公式如式(5.31)和式(5.32)所示。

$$C_{hs} = C_{kh} + C_{bk} \tag{5.31}$$

$$C_{kh} = C_{khs} + C_{wy1} \tag{5.32}$$

式中　C_{kh}——可回收废弃物回收处置过程中的总碳排放量，$kgCO_2$；

　　　C_{bk}——不可回收废弃物处置过程中的总碳排放量，$kgCO_2$；

C_{khs}——可回收废弃物回收过程中的总碳排放量，$kgCO_2$，计算结果为碳减排；

C_{wy1}——可回收废弃物从拆迁现场运输到回收站产生的总碳排放量，$kgCO_2$。

$$M_{khs,i} = \sum_{i=1}^{n_9} M_{f,i} \times R_{4,i} \tag{5.33}$$

$$C_{khs} = \sum_{i=1}^{n} M_{khs,i} \times F_{hs,i} \tag{5.34}$$

$$C_{wy1} = \sum_{i=1}^{n} M_{khs,i} \times D_{h,i} \times K \times F_{khy,i} \tag{5.35}$$

式中　$M_{khs,i}$——第 i 种废弃物的回收量，t；

　　　　n_9——废弃物种类数量；

　　　　$M_{f,i}$——第 i 种废弃物的产生量，t；

　　　　$R_{4,i}$——第 i 种废弃物的回收率，%，取值见表 5.11；

　　　　$F_{hs,i}$——第 i 种废弃物的回收碳排放因子，$kgCO_2$/单位，取值见表 5.12；

　　　　$D_{h,i}$——第 i 种可回收废弃物从拆迁现场到回收站的运输距离，km；

　　　　$F_{khy,i}$——第 i 种可回收废弃物的运输方式下，单位重量单位运输距离的碳排放因子，$kgCO_2/(t \cdot km)$。

（4）废弃物处置的碳排放计算

废弃物处置的碳排放计算公式如式(5.36)～式(5.39)所示。

$$C_{bk} = C_{wy2} + C_{cl} \tag{5.36}$$

$$M_{bhs,i} = \sum_{i=1}^{n_9} M_{f,i} \times (1 - R_{4,i}) \tag{5.37}$$

$$C_{wy2} = \sum_{i=1}^{n_9} M_{bhs,i} \times D_{bh,i} \times K \times F_{bhy,i} \tag{5.38}$$

$$C_{cl} = \sum_{i=1}^{n_9} M_{f,i} \times (F_{tm,i} \times R_{5,i} + F_{fs,i} \times R_{6,i}) \tag{5.39}$$

式中　C_{wy2}——不可回收废弃物从拆迁现场运输到垃圾处理厂产生的总碳排放量，$kgCO_2$；

　　　　C_{cl}——不可回收废弃物处理（包括填埋和焚烧）过程中的总碳排放量，$kgCO_2$；

　　　　$M_{bhs,i}$——第 i 种废弃物的不可回收量，t；

　　　　$D_{bh,i}$——第 i 种不可回收废弃物从拆迁现场到垃圾处理厂的运输距离，km；

　　　　$F_{bhy,i}$——第 i 种不可回收废弃物的运输方式下，单位重量单位运输距离的碳排放因子，$kgCO_2/(t \cdot km)$；

　　　　$R_{5,i}$、$R_{6,i}$——第 i 种废弃物的填埋率、焚烧率，%，取值见表 5.11；

　　　　$F_{tm,i}$、$F_{fs,i}$——第 i 种废弃物的填埋、焚烧碳排放因子，$kgCO_2$/单位，取值见表 5.12。

表 5.11　建筑废弃物填埋率、焚烧率、回收率

建筑废弃物种类	质量占比/%		
	填埋率	焚烧率	回收率
混凝土	45	0	55
砖、瓦、陶瓷	45	0	55
金属	15	0	85
玻璃	60	0	40

第 5 章

续表

建筑废弃物种类	质量占比/%		
	填埋率	焚烧率	回收率
木材	55	15	30
塑料	65	25	10
其他垃圾、混合废弃物	90	0	10

表 5.12   建筑废弃物填埋、焚烧、回收碳排放因子

建筑废弃物种类	填埋碳排放因子/ ($kgCO_2/t$)	焚烧碳排放因子/ ($kgCO_2/t$)	回收碳排放因子/ ($kgCO_2/t$)
混凝土	43.99	—	1.1365
砖	4.2	—	3.7701
金属	37.82	—	−37.3142
玻璃	4.2	0	0.8
木材	424.49	1725	—
塑料	514.54	2800	—

在线习题

本章习题请扫二维码练习。

第 6 章
绿色建筑可持续技术案例

6.1　零碳建筑——攀枝花市城市更新–既有建筑节能升级改造近零能耗建筑及太阳能光伏发电示范项目

攀枝花市城市更新-既有建筑节能升级改造近零能耗建筑及太阳能光伏发电示范项目总建筑面积约 6423m²，全部为地上建筑面积，使用功能为办公建筑。通过对既有建筑的改造，充分利用可再生能源和反射隔热涂料，使老建筑能达到近零能耗、零碳排放的效果。

6.1.1　零碳建筑中的绿色节能减碳技术

（1）垂直绿化

本项目办公楼（高楼）上人屋面保留原有屋面空间，办公楼（低楼）南立面采用种植花池的措施打造垂直绿化，见图 6.1。通过垂直绿化提高建筑绿化覆盖率，创造空中景观；吸附尘埃，减少噪声，改善环境质量；减轻城市热岛效应，发挥生态功效；使建筑冬暖夏凉，节约能源消耗的同时营造良好的景观视觉效果。

（2）制冷与供暖高效设备

本项目采用制冷与供暖高效设备，把房间类型分为三大类：办公-大堂门厅、办公-普通办公室以及空房间。空房间里不设空调系统，不考虑相应的空调温度、供暖温度，以及照明功率和电器设备功率。同样是办公使用的房间，但大小不一样，设置的参数就大不相同，具体参数设置见表 6.1。

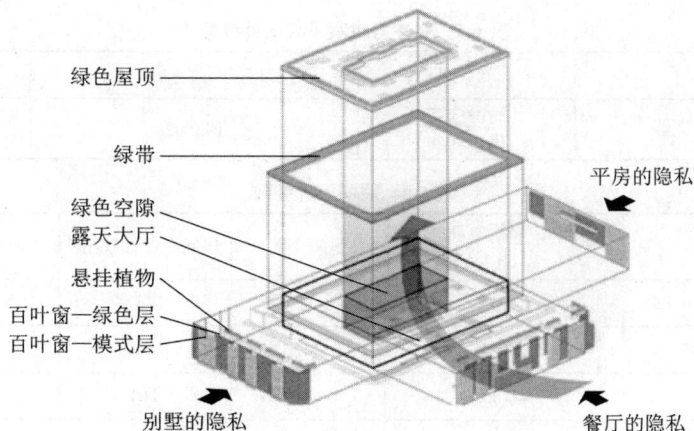

图 6.1

绿色屋顶
绿带
绿色空隙
露天大厅
悬挂植物
百叶窗—绿色层
百叶窗—模式层
平房的隐私
别墅的隐私
餐厅的隐私

第6章

图 6.1 垂直绿化景观图

表 6.1 房间类型参数设置

房间类型	空调温度/°C	供暖温度/°C	新风量/ [m³/（h·人）]	人员密度/ （m²/人）	照明功率密度/ （W/m²）	电器设备功率/ （W/m²）
办公-大堂门厅	26	20	30	20	5	0
办公-普通办公室	26	20	30	10	8	13
空房间	—	—	20	50	0	0

本项目采用分体式空调，制冷与供暖设备系统参数见表 6.2。

（3）节能照明系统

本项目照明系统光源优先采用 LED 节能型灯具。灯具照明功率密度设计值满足现行国家标准《建筑照明设计标准》（GB 50034）规定的目标值要求。照明系统节能设计参数见表 6.3。

表 6.2 制冷与供暖系统设计参数

系统	能效比	耗冷耗热量/（kW·h）	耗电量/（kW·h）
单元式房间空调器	制冷 3.40 供暖 3.20	183502	56851

表 6.3 照明设计参数

房间类型	单位面积电耗/ [（kW·h）/m²]	房间个数	房间合计面积/m²	合计电耗/（kW·h）
办公-大堂门厅	15.00	9	1442	21636
办公-普通办公室	24.00	242	4630	111118
其他功能房间	40.33	1	110	4419
空房间	0.00	14	78	0
总计				137173

（4）太阳能光伏发电

根据现场情况，在办公楼（高楼）屋面和墙面布设碲化镉发电玻璃；在办公楼（低楼）上布设单晶太阳能板。具体设计参数见表 6.4，光伏组件安装位置示意图如图 6.2 所示。

表 6.4　光伏发电组件设计参数

位置	安装位置	光伏类型	单片尺寸/（mm×mm）	数量/片	光伏板面积/m²	装机容量/kWp
办公楼（高楼）	屋面采光顶（型钢构架）布装	黑色双夹胶 3.2mm + 3.2mm 厚碲化镉发电玻璃（260W/块）	1200×1600	60	115.20	15.60
办公楼（高楼）	墙面（型钢构架）布装	黑色 20%除膜双夹胶 3.2mm + 3.2mm 厚碲化镉发电玻璃（208W/块）	1200×1600	80	153.60	16.64
办公楼（低楼）	屋面（防水支架架高）布装	单向单晶太阳能板（550W/块）	2278×1134	173	446.90	95.15

图 6.2　光伏组件安装位置示意图

本项目光伏组件安装于楼面屋顶，经过 PVsyst 专业光伏系统设计软件仿真模拟，如图 6.3 所示，项目的最佳倾角为 28°。但考虑到建筑是砖混结构且为非上人屋面，需要尽量减小支架构件承重，同时结合屋面美观性及排水需求，实际采用双桩固定支架沿屋面 5%的坡度走向排布。

图6.3 PVsyst软件仿真模拟

根据业主提供的本项目历史用能信息，本项目发电系统发电量拟采取"全额上网"或"自发自用、余电上网"方式全部消纳。

本项目设计拟采用"自闭绿网"的储能模式，单项分出4或5块光伏板，配置10kW·h磷酸铁锂电池储能设备，组成自闭绿网系统，作为该建筑景观亮化照明电源或本建筑应急备用电源（图6.4）。

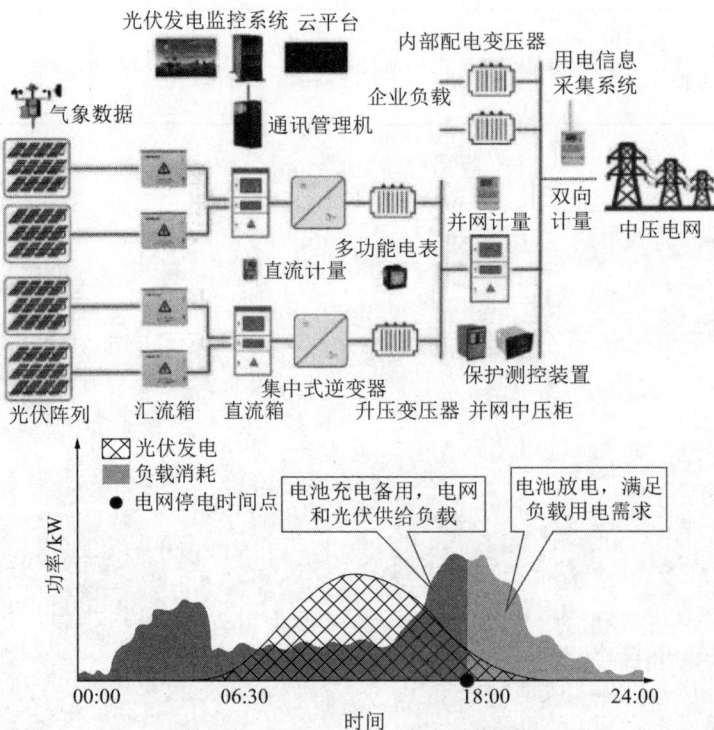

图6.4 光伏消纳

该建筑幕墙与建筑之间、幕墙与幕墙之间留有足够的间隔，满足空气交换的条件，可以为建筑提供更好的空气环境，改善室内光、热环境（图6.5）。建筑南侧和屋顶的幕墙除了节能发电的功效外，还可以有效地避免太阳直射，为建筑和室外提供更多一层的热交换空间（图6.6），使空气循环流通，达到冬暖夏凉的效果。墙面幕墙可避免室内直晒，在太阳直晒时使墙面温度降低5～10℃。屋面增做挤塑聚苯乙烯板保温隔热层，并架空布装光伏板，可避免太阳直晒，在太阳直晒时使屋面温度降低10～15℃。屋面架空布装、墙面离墙布装后，有利于外墙面和屋面通风，增大屋面和墙面与碲化镉发电玻璃间的空气流速，进而使热空气排放速度增大 0.8～1.5 倍，可有效降低太阳直射后墙面温度 2～3℃。

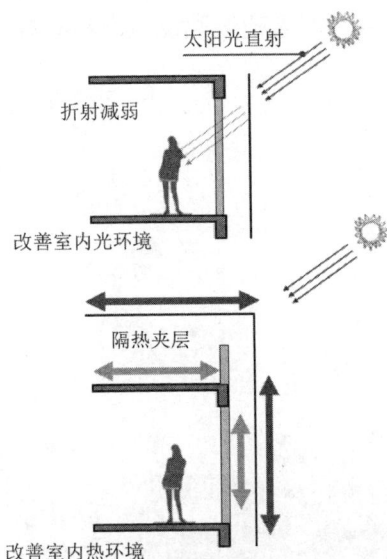

图 6.5　改善室内光、热环境

图 6.6　幕墙提供热交换空间

（5）节材技术

① 屋面材质。本项目将办公楼混凝土架空隔热板屋面（不上人）改造为挤塑聚苯乙烯板保温材料隔热屋面（图 6.7），同时利用屋顶太阳能光伏发电玻璃采光顶进行遮阳挡雨。

② 外墙材质。办公楼（高楼）西侧、东侧、南侧外墙墙面改为米白色真石漆（合成树脂乳液砂壁状建筑涂料的俗称）墙面；北侧外墙墙面改为米白色高反射隔热涂料墙面（图 6.7）。办公楼（低楼）南侧外墙墙面采用米白色制冷涂料；东侧和北侧外墙墙面采用米白色高反射隔热涂料（图 6.7）。

图 6.7　改造方案立面效果示意图

（6）制冷及高阻热保温涂料

① 制冷涂料。当外墙表面以红外辐射形式散发出去的热量大于所有吸收的热量时，就会出现阳光直射下表面温度低于环境气温的被动辐射制冷现象。有效的辐射制冷要求太阳反射率不低于 94% 的临界阈值，并且红外辐射率越高，制冷效果越好。被动辐射制冷涂料的制冷原理如图 6.8 所示，相同建筑涂敷制冷涂料与普通隔热反射涂料的对比结果如表 6.5 所示。

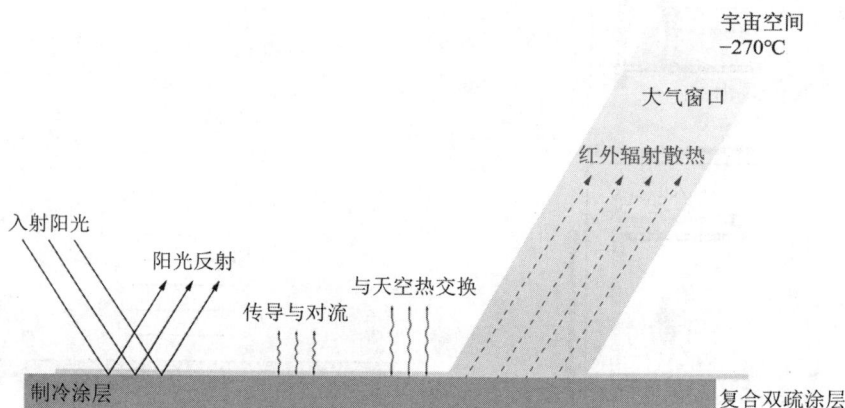

图 6.8　被动辐射制冷涂料的制冷原理图

表 6.5　相同建筑涂敷制冷涂料与普通隔热反射涂料对比结果

屋顶（表面温度）	室内温度	总节电率
太阳辐射强度为 960W/m² 时制冷涂料屋顶表面温度最高 23.5℃ 比对比建筑低 9℃	太阳辐射强度为 960W/m² 时制冷涂料室内温度在 25℃ 以内 比对比建筑低 3.6℃	平均太阳辐射强度为 462W/m² 时月节电率 49.93% 其中晴天达 70.9%

② 高阻热保温涂料。该涂料不仅能对 400～2500nm 范围内的太阳光红外线和紫外线进行高效反射，有效阻止太阳热量在物体表面累积导致升温，还能自动进行热量辐射，把物体表面的热量辐射到太空中去，从而降低物体温度。即使在阴天和夜晚，该涂料也能持续辐射热量，实现降温效果。此外，该涂料还具有材质优良、环保无害、不易起壳、防裂等多重优点。

6.1.2　减碳效果

本项目采用动态能耗模拟法对设计建筑与基准建筑围护结构、暖通空调负荷及上述能源系统能耗进行对比分析计算，再依据国家相关机构公布的区域电网平均碳排放因子计算设计建筑与基准建筑碳排放及减碳量。最终的计算结果如表 6.6、表 6.7 所示。

表 6.6　建筑负荷计算结果

能耗类型	能耗子类	设计建筑负荷/[（kW·h）/m²]	基准建筑负荷/[（kW·h）/m²]
建筑负荷	冷热合计	28.57	34.45

表 6.7　能源系统建筑能耗计算结果

能耗类型	设计建筑能耗/[(kW·h)/m²]	基准建筑能耗/[(kW·h)/m²]
采暖空调耗电量	8.85	14.36
照明电耗	19.34	23.52
生活热水	—	—
电梯	—	—
建筑本体能耗（耗电量）	28.19	37.88

本项目设计建筑与基准建筑综合能耗计算结果见表 6.8。

表 6.8　综合能耗计算结果

能耗类型	设计建筑/[(kW·h)/m²]	基准建筑/[(kW·h)/m²]
建筑本体能耗（耗电量）	28.19	37.88
太阳能光伏发电量	28.40	0
建筑综合能耗（耗电量）	−0.21	37.88
建筑综合能耗（一次能源）	−0.55	98.48

依据上述能耗计算结果，本项目设计建筑本体节能率与综合节能率计算结果见表 6.9。

表 6.9　设计建筑本体节能率和综合节能率计算结果

能耗类型	设计建筑	基准建筑
建筑本体能耗（一次能源）/[(kW·h)/m²]	73.29	98.48
建筑综合能耗（一次能源）/[(kW·h)/m²]	−0.55	98.48
建筑本体节能率	25.58%	
建筑综合节能率	100.56%	

根据前述数据，计算出可再生能源利用率，结果如表 6.10 所示。

表 6.10　可再生能源利用率计算结果

能耗类型	需求量/[(kW·h)/m²]	可再生能源类型	利用量/[(kW·h)/m²]
年供冷供暖耗冷量Q_c、耗热量Q_h	28.57	—	—
		空气源供暖EP_h	—
照明能耗E_1	50.28	光伏发电E_r	73.84
电梯能耗E_e	0		
合计	78.85	—	73.84
可再生能源利用率	93.65%		

本项目运行阶段的碳排放全部来源于电力消耗。由于项目占地面积小、占地范围内几

乎没有绿化种植、改造后的立面花池种植量少，因此暂不计入碳排放计算范畴。本项目主要采用增加可再生能源对建筑能耗完全消纳的方式进行固碳，进而实现净零碳排放的目标。经计算，若采用此技术方案，本项目建筑运行阶段的单位建筑面积碳排放量可达 $-0.06kgCO_2/$（$m^2 \cdot a$），可实现建筑净零碳排放目标，据此可判定本项目的建筑为零碳建筑。设计建筑运行阶段比基准建筑年降低碳排放强度 $69818.01kgCO_2/a$，实现了节能降碳的目标。

6.2 装配整体式被动式建筑——成都某绿色建筑产业园

成都某绿色建筑产业园（一期）产业研发中心的工程结构形式采用装配整体式框架结构及装配整体式剪力墙结构，是目前我国西南地区装配率较高的装配整体式建筑，也是国内第一栋装配整体式被动式建筑。项目引入大量被动式建筑技术、节能保温技术、地道风利用技术、地源热泵技术、光导管技术等前沿领域的新技术。

该工程建筑面积 $4409.69m^2$，建筑层数 4 层，建筑总高度 16.45m，层高 3.9～4.5m。结构形式上，采用装配整体式混凝土框架结构与装配整体式混凝土剪力墙结构相结合的形式，具体设计如下：

（1）框架结构部分

柱构件：采用预制柱，最大尺寸为 700mm×700mm×3900mm，单根重量 4.97t；

梁构件：采用叠合梁，预制梁最大尺寸为 7300mm×400mm，单根重量 3.95t；

楼板：采用叠合板，最大尺寸为 6830mm×2290mm，单块重量 3.64t。

（2）剪力墙结构部分

外墙：采用 PC 墙板预制构件，最大截面尺寸为 3880mm×3570mm，单块重量 6.63t；

连接部位：梁柱节点等关键区域采用现浇混凝土加固，确保结构整体性。

（3）整体装配率

通过上述预制构件与现浇结合的方式，项目综合装配率达到 67.85%。

6.2.1 装配式高效节能被动围护结构和材料

在装配式建筑与近零能耗建筑领域,装配式混凝土结构集成技术是国内外前沿研究热点，装配式混凝土技术与近零能耗建筑技术的融合在国内外都鲜有人涉足。装配式混凝土结构工程所需材料的开发、生产与应用目前处于较为初级的阶段。如何研发出满足近零能耗节能要求的新材料并实现应用，成为该领域的关键技术难题。

① 创新内容：轻质微孔混凝土复合外挂大板及相关技术。

成功开发出集围护、装饰、节能、防火功能于一体的轻质微孔混凝土复合外挂大板，研发出高稳定、发泡倍数在 100 倍以上的可调微孔混凝土发泡剂，以及封闭孔径分布在 0.1～1.5mm，孔隙总体积占比不超过 50%的轻质微孔混凝土。深入研究了孔隙率、孔径分布、孔隙形状等孔隙参数的平衡问题，量化了孔隙特征与热工性能、力学性能的相互关系。此外，基于对建筑屋面女儿墙热桥的分析（见图 6.9），研发了一种被动式外窗固定热桥处理结构和被动式阳台落地窗结构（见图 6.10）。这些成果有效解决了普通混凝土与轻质微孔混凝土复合板的协同受力、界面强度、抗开裂耐久性、大尺寸墙板收缩效应等难题，实现了工业化生产，在装配式近零能耗建筑工程中得到广泛应用。

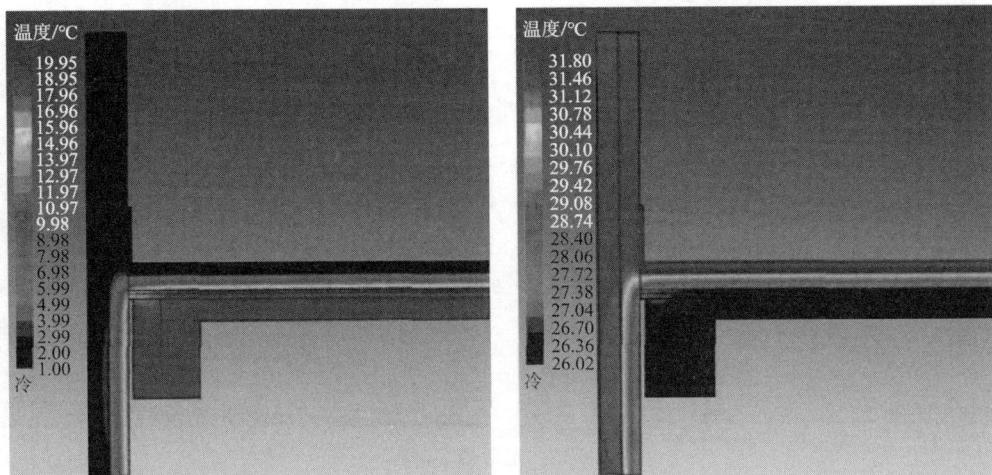

图 6.9　屋面女儿墙热桥分析

图 6.10　被动式外窗热桥固定装置安装

② 创新内容：相变材料相关部件及优化设计。

研发出在周期性传热边界下，能在室温达到最高或最低时刚好完全熔化或凝固的最优相变墙板、外窗和蓄能吊顶，以及采用高导热金属网强化传热兼防开裂的相变-混凝土高效蓄热、放热地板；确定了墙、地板冷风蓄热及热风蓄热的构造形式、流程长度、风速等优化参数（见图 6.11～图 6.13）。这一系列成果解决了围护结构移峰填谷、蓄热和放热不可控、相变围护结构传热系数和换热面积有限的问题，为近零能耗建筑提供了重要材料和部件。

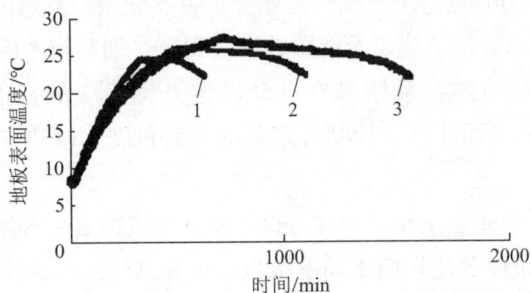

图 6.11　相变材料（PCM）填充率-地板表面温度曲线
1—40cm×30cm；2—60cm×30cm；3—80cm×30cm

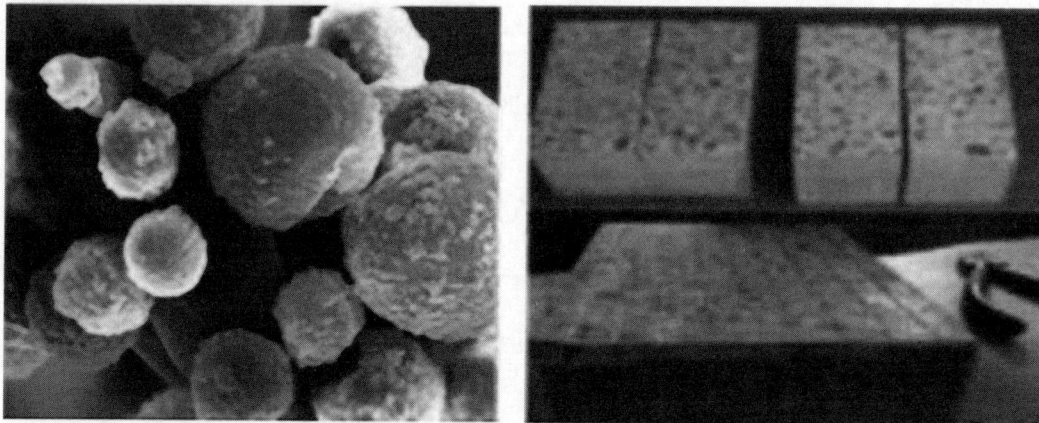

图 6.12　定形相变材料

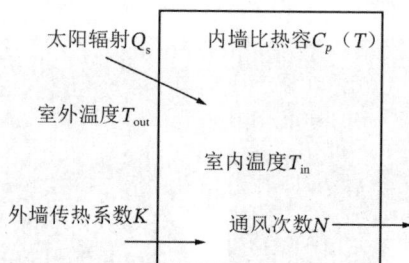

图 6.13　地板、吊顶相变蓄能模型

实施效果：通过开发研究装配式建筑的高效节能被动围护结构与材料产品，有效解决了围护结构材料在耐久性、收缩变形控制、换热系数优化、换热面积管理等方面的技术难题，实现了工业化生产并广泛应用于装配式近零能耗建筑工程领域。

6.2.2　被动式近零能耗建筑机电集成施工技术

目前国内被动式建筑尚处于起步阶段，建筑供暖、采光、照明等机电系统较为复杂。相较于传统建筑，被动式建筑对相关节能要求更高。因此，有效利用可再生能源、减少常规能源消耗带来的环境污染，成为机电系统施工的重点与难点。

采用被动式近零能耗建筑智能化集成技术，如带有自动设定光感反应的智能调控外遮阳系统、地源热泵技术、新风-地道风系统、光导管照明系统等一系列机电施工技术，可创造室内舒适的居住环境，确保建筑节能以及能源的高效利用。创新技术应用如下：

① 智能调控外遮阳系统：采用带有自动设定光感反应的智能调控外遮阳系统（见图 6.14），根据室外太阳光强度自动控制外遮阳的开启角度，以达到防眩光、减少冷负荷的效果。

② 地源热泵技术：地源热泵系统以岩土体、地下水或地表水等浅层地热能作为热源，由热泵机组、热能交换系统以及建筑内末端系统组成供冷供热空调系统（见图 6.15）。地源热泵技术采用地埋管式地源热泵。地源热泵机组的耗电量与电供暖相比节省 70% 左右，地源热泵机组的使用寿命是空调系统的 2 倍。

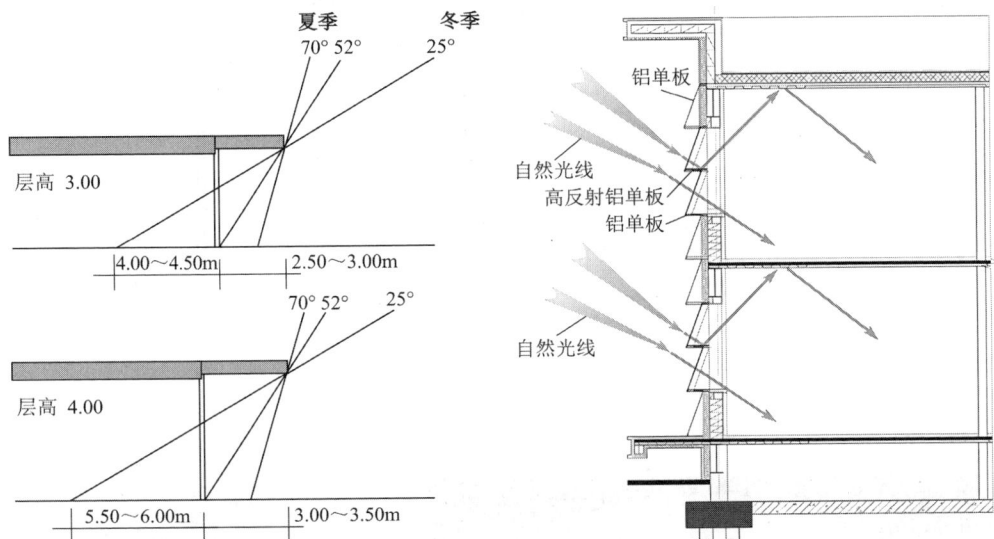

图 6.14　智能调控外遮阳系统

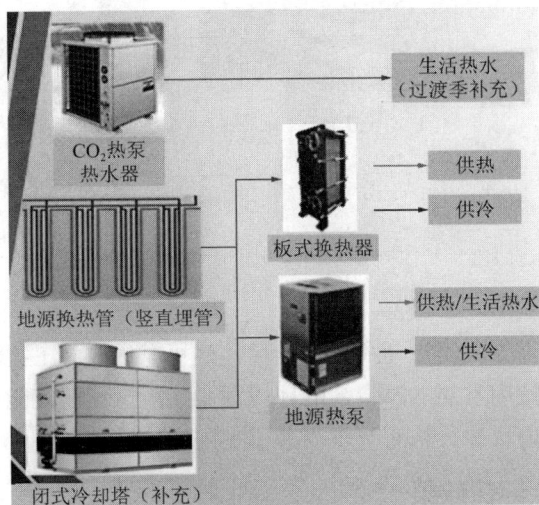

图 6.15　地源热泵系统

　　③ 新风-地道风系统：新风-地道风系统（见图 6.16）利用地埋管风系统对新风进行预冷或预热，从而无须使用制冷机或加热器，可节省电能约 80%；同时，系统还配备了离子瀑技术和除霉菌涂料，可去除纳米级超细颗粒物、有害气体及异味，净化效率高达99%。

　　④ 光导管照明系统：光导管照明系统（见图 6.17）利用透射和折射的原理，通过室外的采光装置高效采集自然光，并将其导入系统内部。集光器设置在室外，负责收集室外自然光。系统内部采用特殊材质制作的高反射率导光管，通过多次反射改变自然光的传播方向，将光线反射到系统底部。底部的漫射装置可将自然光均匀高效地照射到室内任何需要光线的地方，达到柔和且不产生眩光的特殊照明效果。此外，按照对光线的需求不同，用户可以通过启动调光装置来自由调节室内照明亮度，实现全开、全关或半开半关的控制，从而精确控制导光管内的光通量。

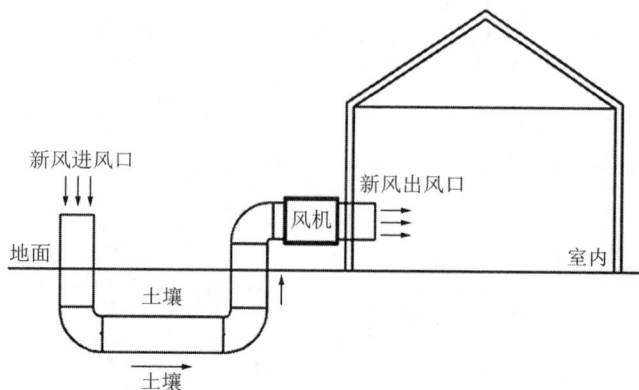

图 6.16　新风-地道风系统

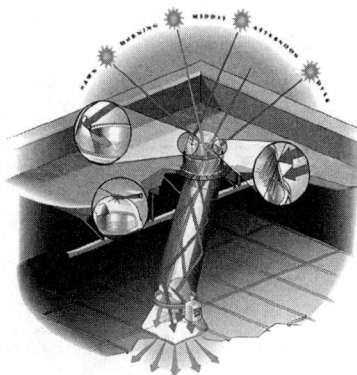

图 6.17　光导管照明系统

实施效果：通过研究并应用被动式近零能耗建筑机电集成施工技术，实现了对自然光和自然风的利用，减少了使用常规能源带来的环境污染，减少了建筑能耗，提高了建筑的供暖效率，实现了节能环保的目标，从而有效改善了室内环境质量。

6.2.3　节能、减碳、环保效果

成都某绿色建筑产业园的绿色节能减碳技术和关键施工技术，体现了装配式建筑在推动建筑行业绿色转型中的重要作用。该项目通过以下几个方面的技术应用和创新，在实现建筑节能、减碳、环保等方面取得了显著成效：

①装配式建筑技术：采用装配整体式框架结构和剪力墙结构，结合预制柱、PC 墙板等预制构件，实现了快速施工和高装配率，同时大幅度减少了现场湿作业，降低了施工过程中的能耗和废弃物排放。

②超长、超重 PC 墙板构件安装技术：自主研发的墙板构件翻转机构及其方法，有效解决了大尺寸、超重墙板的吊装难题，提高了施工安全性和效率。

③装配式结构 PC 外挂板施工技术：创新的 PC 外挂板施工技术确保了外挂板的精确安装，通过建筑信息模型（BIM）技术模拟及现场调节，提升了施工质量并加快了施工进度。

④高效节能被动围护结构和材料产品：开发了集围护、装饰、节能、防火功能于一体的

轻质微孔混凝土复合外挂大板，以及最优相变墙板、外窗和蓄能吊顶，有效提升了建筑的节能性能。

⑤ 被动式近零能耗建筑机电集成施工技术：集成了智能调控外遮阳系统、地源热泵技术、新风-地道风系统和光导管照明系统，充分利用了可再生能源，降低了建筑的能源消耗。

⑥ 绿色节能减碳效果：综合应用上述技术，该项目实现了近零能耗的目标，减少了对化石能源的依赖，降低了碳排放，对建筑行业的可持续发展具有示范作用。

⑦ 技术创新与应用：本项目在施工技术和材料应用上的创新，为装配式建筑的发展提供了新的思路和方法，对类似工程具有重要的借鉴和参考价值。

成都某绿色建筑产业园项目的成功实施，不仅展示了装配式建筑在节能减碳方面的巨大潜力，也为行业提供了宝贵的实践经验和技术参考，为未来建筑行业的绿色发展奠定了坚实的基础。

6.3　零能耗建筑——布利特中心

布利特中心（图 6.18）位于西雅图市中心，是一座西北朝向的 6 层商业办公建筑。总建筑面积 4831m²，空调面积 4658m²。1 层为钢筋混凝土结构，2 层以上采用重型木结构及钢筋加固。设计使用人数为 170 人，实际使用人数为 125 人。

图 6.18　布利特中心外观

通过践行"被动优先，主动优化，采用可再生能源"的技术理念，该建筑通过了"有生命力建筑挑战"零能耗建筑认证，相较于美国同类建筑节能 76.4%。

首先，设计团队在设计之初对建筑采光、通风、光伏发电等涉及能源的相关性能进行了大量模拟，通过分析气候资源条件，严格把控建筑物体形系数和围护结构热工参数，并结合通风冷却等被动式措施，最大限度地降低了建筑冷热负荷。其次，通过引入辐射空调、热泵、节能电梯、行为节能等主动式节能技术，进一步实现建筑能耗最小化。最后，通过场地内太阳电池板发电实现建筑年产能大于等于能耗的目标。本项目技术路径示意图如图 6.19 所示。

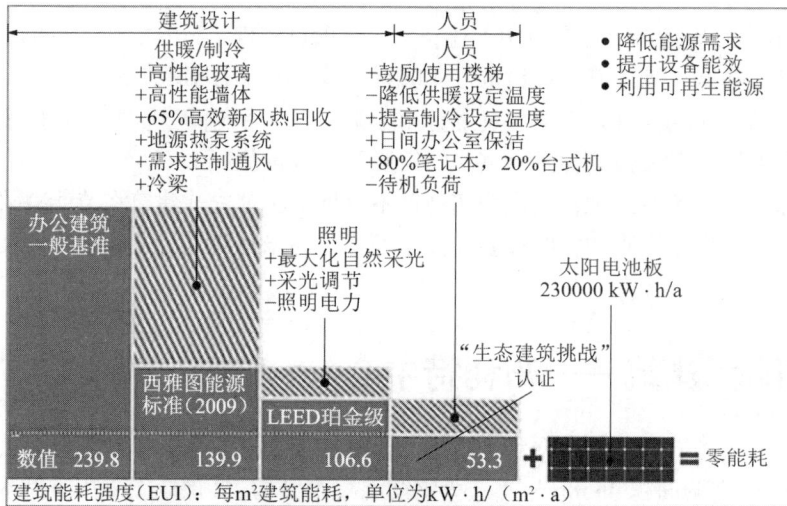

图 6.19   技术路径示意图
建筑能耗强度（EUI）：每 m² 建筑能耗（单位：kW·h/(m²·a)）

西雅图地区为温带海洋性气候，全年温和湿润。西雅图最冷月（2 月）气温在 4℃以上，最热月（8 月）气温在 22℃以下，气温年较差较小。其主要空调能耗为冬季热负荷，因此降低建筑热负荷是实现零能耗建筑的首要任务。该项目对外围护结构作了良好的保温处理，最大限度地避免了热桥的产生。建筑墙体最外层是由金属板、空气夹层和 10cm 厚矿物棉构成的雨屏系统，内侧为 1.6cm 厚的玻璃纤维石膏板。

6.3.1   零能耗建筑的绿色节能减碳技术

（1）自然采光与自然通风

建筑设计团队通过采用基于性能的设计流程，对建筑周围环境进行了模拟分析，包括采用 Ecotect、Radiance 等专业软件对建筑各方向所受的太阳辐射以及风频、风向进行了模拟，探讨了固定窗墙面积比条件下，不同体形系数对建筑热负荷的影响（西雅图同体量办公建筑热负荷约占 1/3），对比了不同建筑外形方案下室内通风采光的效果，并最终确定 T 形设计（外形朝向）可以获得最佳通风采光条件，相对标准建筑可减少 67% 的照明用电量。

建筑的窗户和遮阳系统承担了建筑大部分的采光、通风任务，并辅助维持室内热舒适环境。通过将自动百叶窗与可手动操作的窗户相结合，实现最大限度的采光，获得均匀的光线，避免室内眩光。围护结构最外层的不锈钢百叶距离窗户约 0.3m，确保通风时窗户直线推开不受阻挡。在夏季，百叶窗能够使日光在抵达玻璃前被拦截并散射开，降低了太阳辐射带来的冷负荷。在冬季，通过调节百叶的角度使室内空间最大限度地接收日光，同时防止工作区域产生眩光。整个窗体质量为 240kg，并为消除内外热桥效应进行了特殊设计。

自然通风系统主要为辅助建筑夜间自然冷却而设计。在夏季夜间，电动机驱动开窗，通过引入夜间凉爽的空气为室内预冷，避免第 2 天午后室内过热。夜间空气带来的冷却效果将使梁的温度降低 3～5℃，使其能在夏季午后吸收多余的热量。当建筑中有人员活动时，若室外温度高于 23℃或室内温度高于 26℃，窗户将自动开启。人员也可按需自行开关窗户。

（2）暖通系统与数字监控系统

暖通系统主要包括地源热泵空调系统、新风热回收系统和生活热水系统等，辅助设备包括吊扇等。地源热泵空调系统由 26 个深 122m、直径 13cm 的地热井和配套机组构成，在冬季作为辐射地板供暖末端和热水系统热源。鉴于建筑围护结构保温性能优异，且室内存在人员活动、照明设备运行等持续散热情况，经综合考量，仅在室外温度低于 7.8℃时，才开启辐射地板供暖末端以维持室内舒适温度。

新风供给量根据室内 CO_2 浓度自动调节。当室内 CO_2 传感器检测到浓度超标，需要引入新鲜空气时，窗户自动开启以进行自然通风。当室外温度极高或极低时，窗户将关闭，新风热回收系统开启。冬季时将开启新风热回收系统，新风热回收系统可以高效回收排出室外的约 65%余热，同时保证室内 CO_2 体积分数维持在 0.05%以下。

上述所有设备（包括供暖空调系统、通风系统及供回水系统等其他建筑功能系统）由布利特中心搭建的数字监控系统集中监控，形成了集成管理体系，以便后期运维管理。

（3）光伏发电系统

为满足建筑用能需求，在设计中尽可能大面积地布设了太阳电池板。最终该建筑共计使用了 575 块太阳电池板，在建筑屋面铺满的情况下向外延伸了 3m 的范围（见图 6.20），光伏发电总面积约 1328.8m²。

图 6.20　布利特中心光伏屋顶

（4）运营效果

大楼安装的光伏发电系统于 2013 年 2 月正式投入运行。租户于 3 月中旬搬入，4 月正式运营。图 6.21 显示了 2013 年 5 月至 2015 年 8 月时间段内建筑的能源消耗与生产状况。在第 1 年（2013 年 5 月至 2014 年 5 月）运营中，建筑产电盈余 11.4 万 kW·h/a。建筑实际能耗强度为 31.3kW·h/(m²·a)，相较于设计预计值［53.6kW·h/(m²·a)］低 41.6%，相较于西雅图能源法令 2009 年建筑能耗要求［139.8kW·h/(m²·a)］低 77.6%。

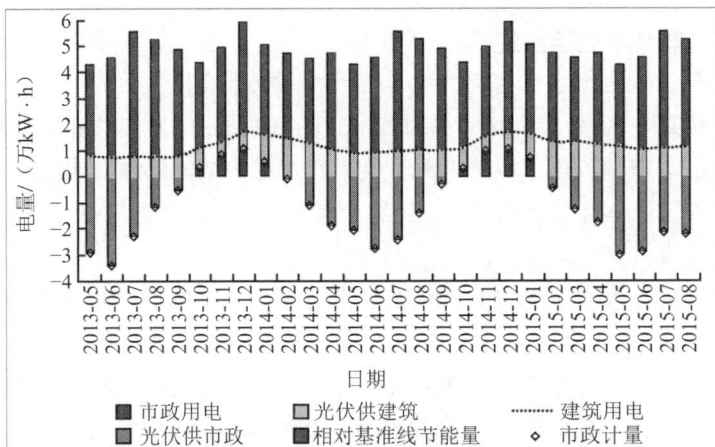

图 6.21　2013—2015 年建筑能源消耗与生产状况

由图 6.21 可见，建筑年均实际用电量在 1 万 kW·h 左右。在冬季（12 月），供热需求导致耗电量上升，接近 2 万 kW·h。此外，由市政计量可见，冬季（10 月至次年 1 月），由于光伏发电系统对建筑供电小于建筑用电量，建筑用电将采用市政供电；夏季（5—6 月），建筑光伏供电远大于建筑用电，市政将接收建筑光伏发电系统产生的多余电量。总体而言，本项目建筑实际用电量远低于对比建筑，若以年为单位，市政接收到的光伏发电总电量将大于向建筑供给的总电量，可见布利特中心不仅达到了零能耗的水平，还实现了产出。

布利特中心单位面积造价约人民币 2.4 万元/m²，造价高昂，因此进一步降低建设成本十分必要。从实际运营情况分析，建筑光伏发电量在夏季较多，在冬季相对较少。除天气因素外，在设计光伏发电系统时还考虑了不同季节电价的影响。由于西雅图地区夏季电价较高，设计团队在光伏发电系统设计安装时考虑的是夏季所能接收到的最大太阳光倾角，使建筑在夏季对外输出电能时获得更高的电力收入，实现经济效益最大化。有一点值得关注，太阳电池板在建筑屋面铺满的情况下向外延伸了 3m，实际上超出了建筑红线，该项目得到了西雅图市政府的特许，如果光伏发电技术在发电效率没有大幅提高的前提下，实现建筑能源自给自足还是有一定困难的。

此外，在管理中，根据建筑的产能向建筑内的租户分配能源。当租户的实际用能超出所分配的额度时，超出部分的电费将由租户自行承担。这种做法旨在倡导行为节能，引导实际用能情况更加贴近设计时的预期场景。

6.3.2　零能耗建筑设计经验分析

西雅图布利特中心作为一座具有开创性的商业办公建筑，在绿色低碳领域取得了卓越成就，为建筑行业实现碳中和目标提供了宝贵经验。

（1）技术集成与创新成果显著

本项目秉持"被动优先，主动优化，采用可再生能源"的技术理念，通过前期大量模拟分析，从建筑设计到设备系统选型进行了全方位优化；严格控制建筑物体形系数和围护结构热工参数，结合自然采光、自然通风等被动式设计，极大地降低了建筑冷热负荷，使照明用电量显著减少。同时，主动式节能技术如地源热泵空调系统、新风热回收系统等进一步提升了能源利用效率，最终实现建筑能耗强度大幅低于同类建筑。

光伏发电系统的大规模应用是项目的一大亮点，575 块太阳电池板的精心布局使建筑不仅实现了能源自给自足，还在夏季产生盈余电量对外输出，取得了良好的经济和环境效益。

（2）运营管理与经济效益相兼顾

建筑的数字监控系统实现了对各设备及功能系统的集中监控，为后期运维管理提供了有力支持，确保建筑系统始终处于高效运行状态。

考虑到不同季节电价差异，在光伏发电系统设计中进行了巧妙优化，使建筑在夏季高电价时获得更多电力收入，实现经济效益最大化。同时，通过对租户用能额度的管理，激励租户节约用电，使实际用能更贴合设计预期，进一步提升了建筑整体能源管理水平。

（3）挑战与启示并存

尽管项目成果斐然，但仍面临建设成本高昂的问题，这在一定程度上限制了其广泛推广。此外，太阳电池板超出建筑红线的特殊情况也提示我们，在实现建筑碳中和过程中，需要在技术、法规和规划等多方面寻求平衡与突破。

布利特中心的成功经验为其他建筑项目提供了重要启示，即通过精心设计、创新技术应用和科学运营管理，可以在商业办公建筑领域实现高效节能减碳，并达成经济效益与环境效益的双赢，成为众多项目学习的典范，为推动全球建筑行业向碳中和目标迈进提供了重要参考，引领了未来建筑可持续发展的新趋势。

6.4　建筑仿生学在建筑减碳中的应用——墨尔本市政府 2 号办公大楼

墨尔本市政府 2 号办公大楼（简称 CH2），通过仿生学的设计方法和众多可持续建筑设计策略，成为澳大利亚最绿色、最健康的办公建筑之一，同时它也是墨尔本第一个获得绿色之星办公建筑设计评价系统认证的 6 星级建筑，其外观如图 6.22 所示。在 CH2 中，建筑师米克·皮尔斯从仿生学入手构思建筑，将建筑仿生学运用到了墨尔本市区这片密集的区域，展示了将仿生学设计嵌入完全人工都市环境中的可能性。

该建筑场地位于墨尔本小柯林斯街与斯旺斯顿大街的交叉口。场地北侧为两层高的餐馆和皇家墨尔本理工大学（RMIT）的教学楼。北侧的教学楼对建筑造成了一定的遮挡。建筑南侧相邻小柯林斯街，为比较僻静的城市支路。南侧有多层的维多利亚酒店和多层办公楼。场地东侧为高层办公建筑。建筑主入口设在安静的小柯林斯街一侧，并在主干道斯旺斯顿大街处后退一定距离，形成一个小广场作为缓冲空间。建筑服务中心设在东西两侧，并在西侧设置了冬季花园，为员工创造了良好的办公环境。建筑首层主要为门厅空间和首层商业部分，并在首层设置了开放的连廊，连通小柯林斯街和北侧教学楼围合的空间。首层商业部分面积约为 500m²。2 层到 10 层为政府办公空间，采用开放式大空间结合独立会议室的布局，每层建筑面积约为 1064m²，总建筑面积 12536m²，包括 1995m² 的地下室。屋顶层设置了室外活动平台和设备间。

图 6.22　CH2 大楼外观

6.4.1　绿色节能减碳技术

6.4.1.1　立面部分节能技术分析

墨尔本市政府 2 号办公大楼的立面根据方向不同采取了不同的节能设计策略，并最终形成了丰富而又不失统一的建筑形象。

（1）北立面节能技术分析

建筑在北立面设置了 10 个通高竖直的深色管道，南立面设置了 10 个通高竖直的浅色管道，模拟白蚁丘通风的方式，加强了室内的通风效果。此外，北立面采用了绿化遮阳板和水平遮阳板相结合的方式对其阳台玻璃进行遮阳处理（图 6.23）。

绿化遮阳一方面可以通过阻挡太阳光线防止眩光、遮挡阳光，另一方面植物内部的水分通过蒸腾作用从叶片表面散失到空气中，这是一个吸热过程，因此可以起到降低周围环境温度的作用。运用建筑构件遮阳只能遮挡直射阳光，对来自天空和地面的扩散光以及来自遮阳构件的反射和热辐射则效果不佳。而通过这些方式进入室内的得热一般占室外太阳辐射总量的 20%。相比之下，利用植物蒸腾作用降低周边环境温度的绿化遮阳更为有效。

建筑北立面每个楼层的阳台中都设有特制的种植槽，供栽植植物，同时与种植槽相连的墙面上安装有不锈钢网，供藤本植物攀附。植物灌溉利用建筑内的再生水。利用阳台两侧的绿化遮阳来阻挡太阳高度角较低的下午炎热的阳光，防止眩光。同时，植物的蒸腾作用也可以有效降低气温，提高空气质量。种植植物应选用落叶植物，因为这类植物可以兼顾室内环境在冬季和夏季对阳光的不同需求：在夏季，繁茂的枝叶可以遮挡阳光，降低室温；在冬季，温暖的阳光则可以穿过稀疏的枝条射入室内，提供被动式太阳能加热。

图 6.23　建筑北立面外观

　　建筑利用水平遮阳板遮挡北向夏季高太阳高度角的正午阳光，同时允许冬季较低太阳高度角的阳光进入室内（图 6.24）。

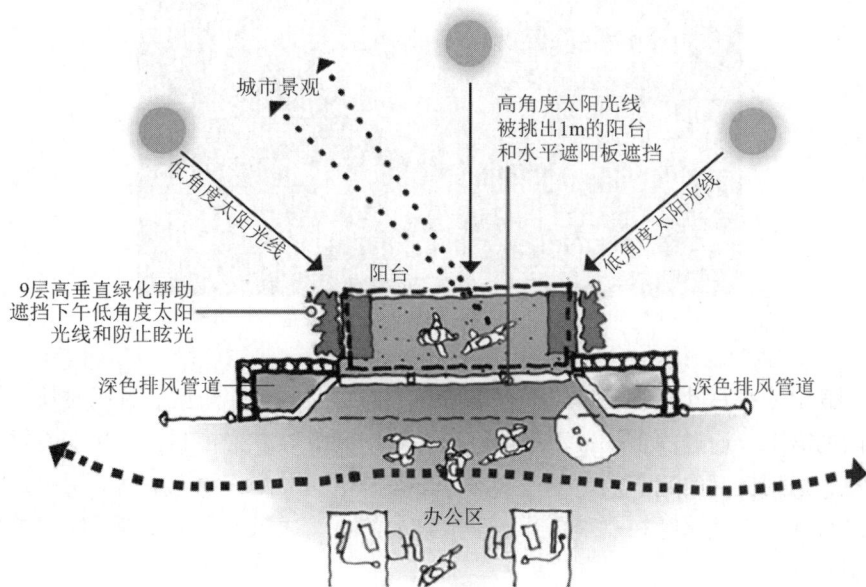

图 6.24　北立面绿化遮阳效果分析

（2）西立面节能技术分析

建筑的西立面安装了可随太阳照射角度自动调整角度的再生木质百叶窗遮阳系统，如图 6.25 所示。这套系统由液压系统控制，确保百叶窗在早上完全开启，并在下午太阳光较强时自动关闭，以隔绝阳光。百叶窗内部则是玻璃幕墙，这样，除了下午 3 小时太阳直射到西立面的时间外，大部分时间，百叶窗都会处于开启状态，让用户可在建筑内欣赏到窗外的美景。同时，由于其最外层表皮可开合，双层表皮之间的空腔可以迅速排出积聚的热空气，从而极大地提高了建筑立面的热工性能。百叶窗采用的可再生木材，不仅环保，还会随着时间的推移自然老化变色。这种在外立面木材上发生的变化，正是建筑作为大自然一部分的自然氧化过程，体现了人与自然的和谐共生。

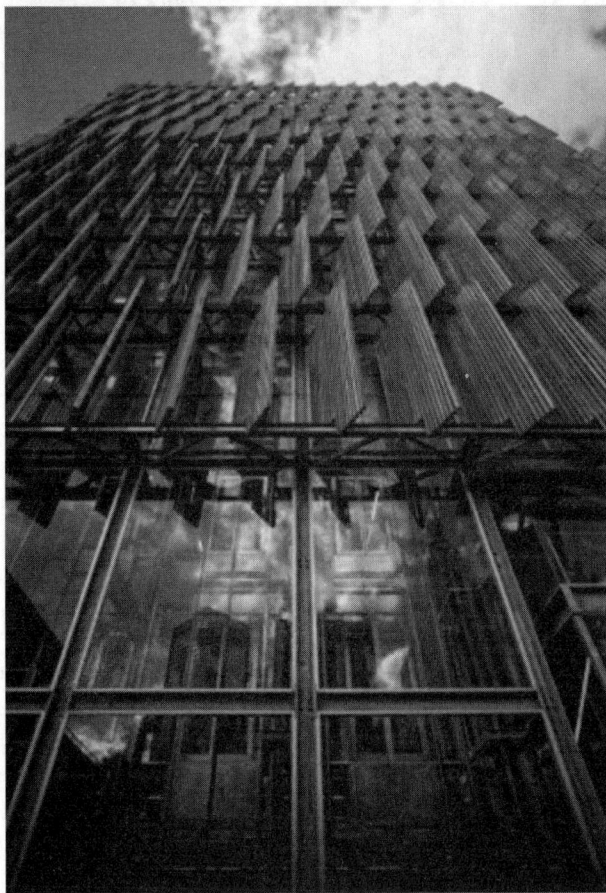

图 6.25　CH2 遮阳百叶窗

此外，其中一些百叶遮阳还可以根据地域在不同季节的日照角度、日照时长、气候条件和景观朝向的需求，通过固定设置、手动调节和电动调节等方式控制自然光线的射入量，降低空调能耗，达到良好的遮阳效果。在 8 层冬季花园空间部分，立面最内一层由封闭玻璃幕墙改为玻璃百叶。玻璃百叶在夏季打开，争取最大的自然通风；在冬季则关闭，提高建筑保温性能（图 6.26）。

（3）东立面节能技术分析

建筑的东立面采用了穿孔金属板（见图 6.27）作为围护结构，不仅可以为东立面提供遮阳，还可以利用"烟囱效应"，将穿孔金属墙面与建筑主体之间的热空气迅速排出，从而将建筑东部服务核心区域的空气吸出，增强通风效果。

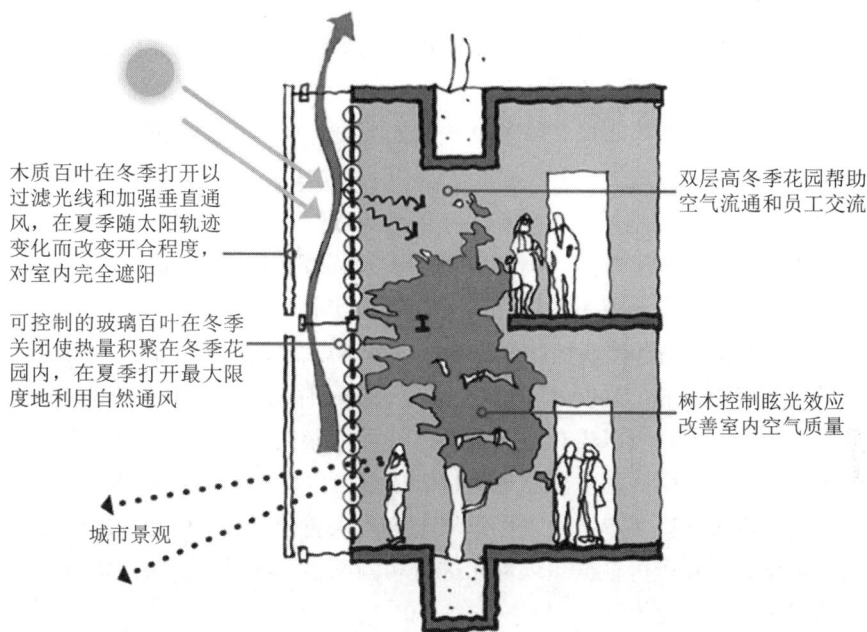

木质百叶在冬季打开以过滤光线和加强垂直通风，在夏季随太阳轨迹变化而改变开合程度，对室内完全遮阳

可控制的玻璃百叶在冬季关闭使热量积聚在冬季花园内，在夏季打开最大限度地利用自然通风

双层高冬季花园帮助空气流通和员工交流

树木控制眩光效应改善室内空气质量

城市景观

图 6.26　西立面冬季花园遮阳效果分析

图 6.27　东立面穿孔金属板

6.4.1.2　屋顶节能技术分析

屋顶绿化不仅可以显著提升建筑屋顶的保温隔热性能，还能通过植物的茎叶遮阳和光合作用降低屋面得热量，同时将自然景观元素融入建筑空间系统中。此外，种植屋面还能滞留雨水，从而缓解城市排水压力。

　　商业建筑采用的屋顶绿化可分为密集型屋顶绿化和拓展型屋顶绿化两大类。密集型屋顶绿化可种植更多种类的植物，包括大型植物，增强了人与屋顶绿化的互动性。但这也要求屋顶结构具备较充足的承载力，因为密集型屋顶绿化的土壤层（一般可达 10～30cm）和种植箱结构会给建筑结构增加额外的负载。拓展型屋顶绿化则只需要很浅的土壤层，仅适合种植草本植物和多肉植物，这类屋顶绿化更适合结构承载力较小的不上人屋面。在实际运用中，现代建筑会根据屋顶空间的具体布局和屋顶形式（如混凝土屋面板、金属屋面板等）的不同，综合采用这两种屋顶绿化方式。

　　CH2 的屋顶采用了密集型屋顶绿化和半拓展型屋顶绿化相结合的绿化方式。其采用的半拓展型屋顶绿化位于建筑顶层东部空调设备间屋顶，采用了 Greentech 模块化系统。CH2 的半拓展型屋顶绿化施工过程如图 6.28 所示。这一部分半拓展型屋顶绿化由空调出风口环绕，不可上人，选用景天属植物和肉质植物作为绿植，基本不需要灌溉和维护。Greentech 屋顶绿化模块系统可以承载 200mm 厚的轻质土壤，整个系统可移动，具有很高的灵活性，能够适应多种屋顶形状和布局需求。可以先在建筑场地之外种植绿化，再运送至场地安装，也可以在场地直接种植绿化。模块由高密度聚乙烯材料制成，可以保护屋顶表面膜材料免受根部渗透和损坏。排水通道设置在模块上，使水可以从土壤流入通道，再被引导至屋面排水系统的出口。模块为方形设计，托盘可根据屋顶形状进行切割调整。同时，模块四角可由塑料角部固定板相连，组成更大的绿化模块。

图 6.28　CH2 半拓展型屋顶绿化施工过程

　　建筑采用密集型屋顶绿化与屋顶活动平台相结合，不仅改善了屋顶的热工性能，还在屋顶开辟了绿色的员工活动交往空间（图 6.29）。屋顶花园的构造做法见图 6.30。

图 6.29　屋顶花园

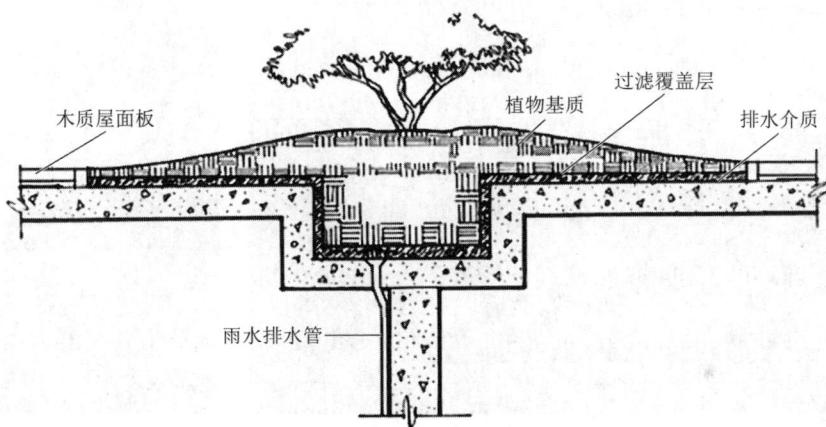

图 6.30　屋顶花园构造做法

6.4.1.3　通风技术

CH2 的通风组织方式在日间和夜间采取了不同的模式，其白天的通风组织方式从建筑仿生学角度出发，借鉴了白蚁丘内部通风、保持温度和湿度的运行方式，并将其工作机制加以创新和总结，然后应用在建筑的通风策略中。

（1）日间通风模式

这栋建筑的建筑师皮尔斯曾就读于建筑联盟学院。他曾在津巴布韦负责设计东门中心，该建筑模仿了白蚁穴利用自然通风的机制，以确保中庭内恒定的湿度和温度。他利用巨大的有机塔结构以优雅的方式解决了供暖和制冷这两个基本问题，并为居住于其中的居民提供了所有的生命支持系统。他在 CH2 中也使用了这种直接参考大自然在相同环境下的解决方案的设计方法，充分展示了将仿生学设计融入人工都市环境中的可能性。

CH2 建筑的北立面（澳大利亚位于南半球，因此北向为向阳方向）安装了 10 个深色的竖直管道，而南立面则设置了 10 个浅色的竖直管道，这些管道利用浅色反射太阳辐射的特性减少热量吸收，并结合冷空气下沉的规律来增强通风效果。

利用"太阳能烟囱"效应，日间太阳照射到北立面的深色管道上，使管道内空气升温并上升，通过屋顶的风力涡轮机排出建筑。CH2 建筑北面太阳能烟囱如图 6.31 所示。

这一过程中，排气管道顶部的风力涡轮机也加强了空气的垂直流动。由于北侧深色管道内的气流处于负压状态，室内天花板间的热空气被吸入管道，并通过屋顶的风力涡轮机将废气排出。同时，冷空气从屋顶导入南向的竖直通道，这些通道因没有接受太阳照射而保持低温，冷空气逐渐下沉送入每一层地板间的通风层，并对流到建筑的所有空间。室内使用者和设备运行产生的热空气上升，再加上北侧深色管道的拔风效应，热空气被送入天花板内的排气腔，并最终被吸入北侧的深色管道排出。此外，南立面的 5 个喷淋塔（图 6.32）通过抽入空气并经过喷淋水蒸发吸收热量而降温，降温后的空气被引入建筑下层的商店。

图 6.31　CH2 建筑北立面太阳能烟囱

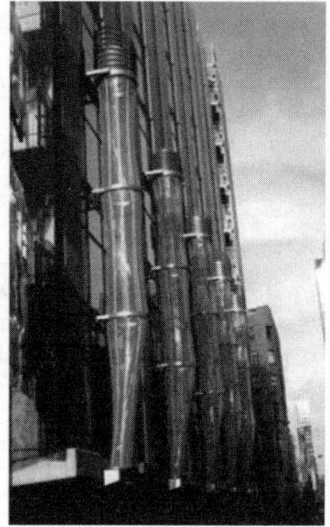

图 6.32　CH2 建筑南立面喷淋塔

CH2 建筑日间通风模式流程分析如图 6.33 所示。

CH2 办公楼采用的冷却水循环的冷梁和冷却顶板技术相比于传统的变风量空调系统（VAV 系统）而言有了很大进步。传统变风量空调系统利用风扇直接向用户提供不断制冷至 13℃的冷气，然后再与室内原有空气充分混合，达到 19～22℃的舒适室温。这种方式冷却空气和充分混合空气两个步骤均消耗大量能源。而冷梁和冷却顶板系统通过循环在其中的冷却水，一方面向室内辐射制冷，另一方面冷梁和冷板周围空气被冷却下沉，工作区产生的热空气上升补充，形成了自然对流，增强了通风效果。由于该系统采用水作为温度调节的媒介，利用水循环带走空气中的热量，而水携带冷量的能力是空气的 200 倍，因此整个系统表现出极高的能效和节能性。

CH2 在每层平面的边界处设置了冷梁来减少围护结构玻璃夏季得热，通过冷梁周围冷空气下降形成冷空气幕阻止得热。在主要的办公区域设置了辐射冷却板，冷板包括了穿孔金属垫板和隔音材料，利用辐射空气制冷，冷空气下降到工作区域大概为 18℃。系统循环的冷却水由地下室的相变材料蓄冷系统和南立面的喷淋冷却塔提供。

墨尔本冬季早晨较为寒冷，需要采取一定的采暖措施。建筑围护结构边界部分地板安装的热水管吸进冷空气并对其加热，产生向上的热气流，形成热空气幕，阻碍室内热损失。另外建筑北立面利用低角度太阳光线进入室内并被动加热室内空气，西立面木质可控百叶也适当在下午打开，被动利用太阳能采暖。CH2 冬季采暖技术原理，见图 6.34。

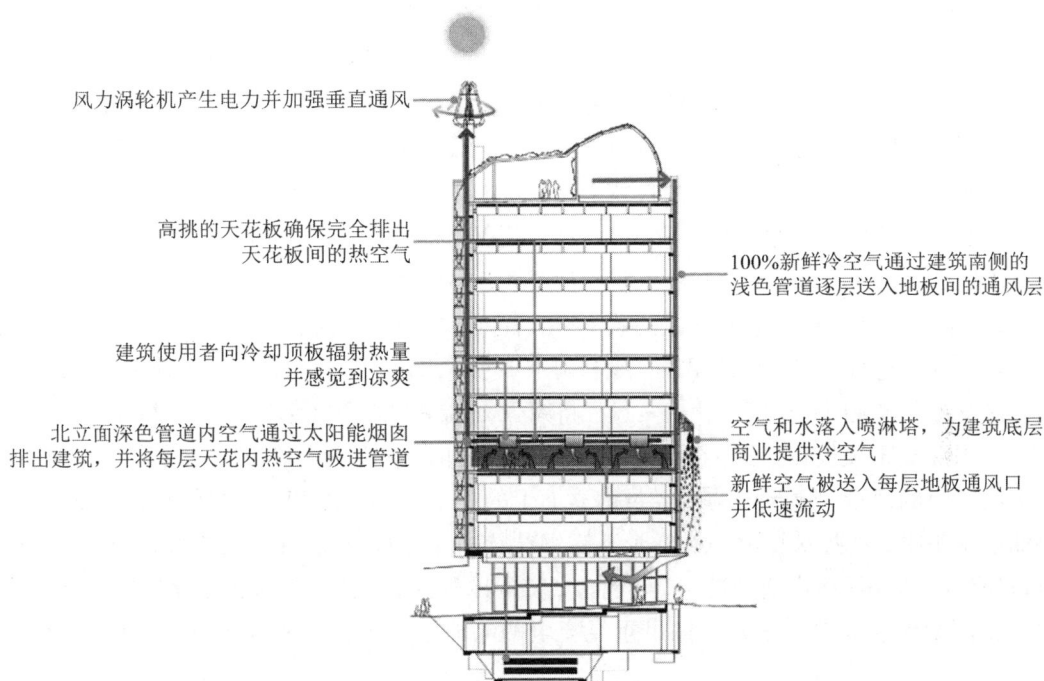

风力涡轮机产生电力并加强垂直通风

高挑的天花板确保完全排出天花板间的热空气

建筑使用者向冷却顶板辐射热量并感觉到凉爽

北立面深色管道内空气通过太阳能烟囱排出建筑，并将每层天花内热空气吸进管道

100%新鲜冷空气通过建筑南侧的浅色管道逐层送入地板间的通风层

空气和水落入喷淋塔，为建筑底层商业提供冷空气

新鲜空气被送入每层地板通风口并低速流动

图 6.33　CH2 建筑日间通风分析

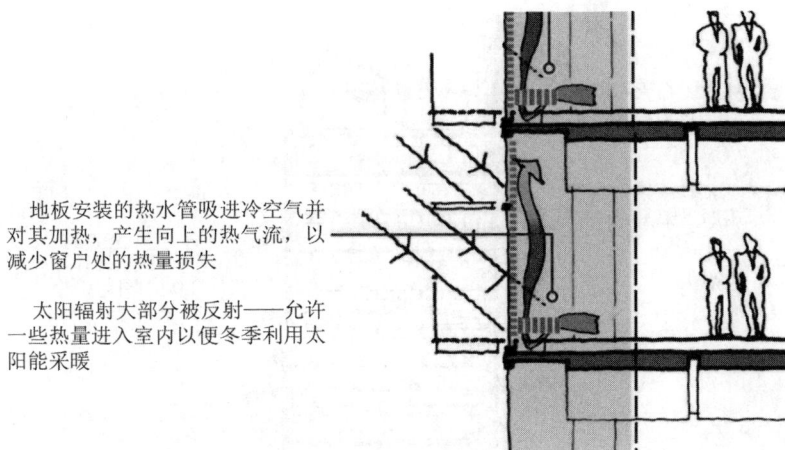

地板安装的热水管吸进冷空气并对其加热，产生向上的热气流，以减少窗户处的热量损失

太阳辐射大部分被反射——允许一些热量进入室内以便冬季利用太阳能采暖

图 6.34　CH2 冬季采暖技术分析

（2）夜间通风模式

CH2 建筑采用了夜间置换通风的通风策略。夜间净化通风是指在白天关闭窗户以及其他用于自然通风的开口，而在夜晚开启它们，以便将室内的温暖空气冲出建筑，同时给建筑内蓄热体降温以供第二天取冷需求。夜间置换通风特别适用于那些白天空气温度十分高，以至

于自然通风引入室内的空气无法再为人们带来凉爽感,而当地夜晚气温又十分低的地区。其成功与否的评判标准在于,在不使用空调系统的情况下,夜晚能够移除多少建筑内部积累的热量。

在夜晚,通过风压通风和热压通风的原理,建筑内的蓄热体得到有效冷却。到了白天,建筑又会被密封起来以防止外部热空气进入。前一晚冷却下来的蓄热体会在第二天白天持续吸收室内热量,从而减轻空调系统的负荷。由于需要建筑内表面的蓄热作用,因此要求房间的地板不可以被地毯或其他遮盖物遮盖,墙体不能被柜子、装饰面板遮挡,天花板也不能被吸声瓦或吊顶遮挡。同时夜晚使用自然通风也要求尽量减少室内遮挡物。

由于办公建筑的使用时间大多为白天,因此夜间置换通风是适用的。夜间置换通风的不足在于建筑夜间开启的安全性较弱、防雨难度大、不易管理等问题。

在实际运行中,夜间置换通风的效率很大程度上依赖于建筑自动化系统(BAS)的优化控制。BAS通过每一层布置的温度、风和雨水传感器来优化运行效率:如果建筑已经足够凉爽,窗户将会被关闭。夜间净化这一过程将减少20%左右的冷负荷。

除了混凝土顶板在白天能吸收约 20%的热量外,建筑还依赖每层主动式的冷却顶板来吸收剩余的热量。建筑内的水经过南立面上的五个喷淋塔冷却,并被储藏在地下层的 3 个储能水箱中,这些水箱由 30000 个不锈钢球状相变材料组成。在需要时,冷水会被输送至每层的冷却顶板和窗前的冷梁,产生 15℃的冷气并分散到工作区中。在这里,相变储能水箱作为被动式制冷单元,像可重复充电的电池一样,为顶板提供持续、稳定的冷量供应。

CH2 建筑夜间通风模式分析如图 6.35 所示。

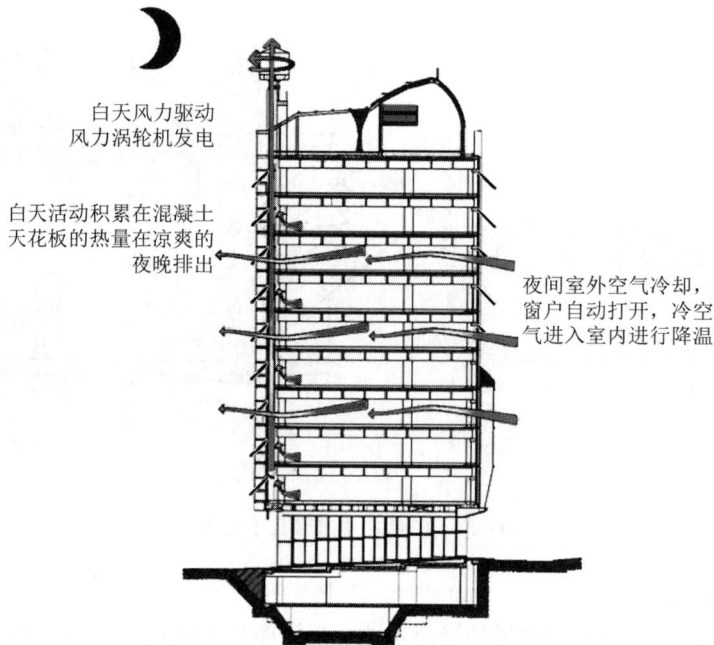

白天风力驱动
风力涡轮机发电

白天活动积累在混凝土
天花板的热量在凉爽的
夜晚排出

夜间室外空气冷却,
窗户自动打开,冷空
气进入室内进行降温

图 6.35   CH2 建筑夜间通风模式分析

6.4.1.4　自然采光分析

CH2 建筑在自然采光方面的运用主要体现在对反射光的设计以及对建筑西立面遮阳与自然采光问题的处理上。

反射光设计包括利用室外地面与邻近墙面的反射光、设置高效的反光装置、提高室内表面的反射系数。这些措施有助于改善局部光照水平，并有效防止眩光。对于低矮的建筑而言，不受遮挡的浅色地面反射的光线可以成为重要的自然光源。在建筑物的背阴面，从不受遮挡的邻近建筑的浅色墙面反射而来的光线，可以有效提高背阴面的照度。但是，需要注意的是，反射光线一般较平，容易造成眩光。

最常见且最经济的反光装置是在建筑立面上设置的反光板。通常在窗户中间且在视线之上的位置安装一个或一组反射装置，将一个窗户分成上下两部分：下部用于采光以及满足景观视线要求，上部只满足采光，不考虑景观视线。反光板颜色应为反光效率高的浅色。选择反光板的材料和饰面时，要选择那些反射光线但不反射热量的材料和饰面。

反光板表面能够将直射阳光进行反射，光线穿过反光板上方建筑表面的玻璃到达房间顶部，再经过二次反射照亮室内空间。此外，反光板也常和遮阳板结合使用。利用浅色的遮阳板遮挡太阳直射光，同时反射漫射光进入建筑室内，进一步增强反光板的作用。

在 CH2 建筑中，北立面采用了反光板与遮阳板相结合的创新设计。这一设计由金属网板及其上方覆盖的浅色织物组成。反光板在建筑外部向外挑出 1m，在建筑内部则挑出 0.5m。这样的设计使得夏季高角度的太阳光线可以照射在建筑外侧的反光板上，而冬季阳光不强烈时，低角度的太阳光线则能同时照射在内侧和外侧的反光板上。通过反光板将太阳光反射到建筑的波浪状天花板，再经过天花板的二次反射后，将直射遮阳板的太阳光导入建筑室内深处，补偿了室内光环境的不足。此外，在反光板下方设置了用户可控制的伸缩卷帘以防止眩光。这里的反光板在夏季也与挑出的阳台板一同承担遮挡高角度太阳辐射的功能。CH2 建筑北立面反光板设置如图 6.36 所示。

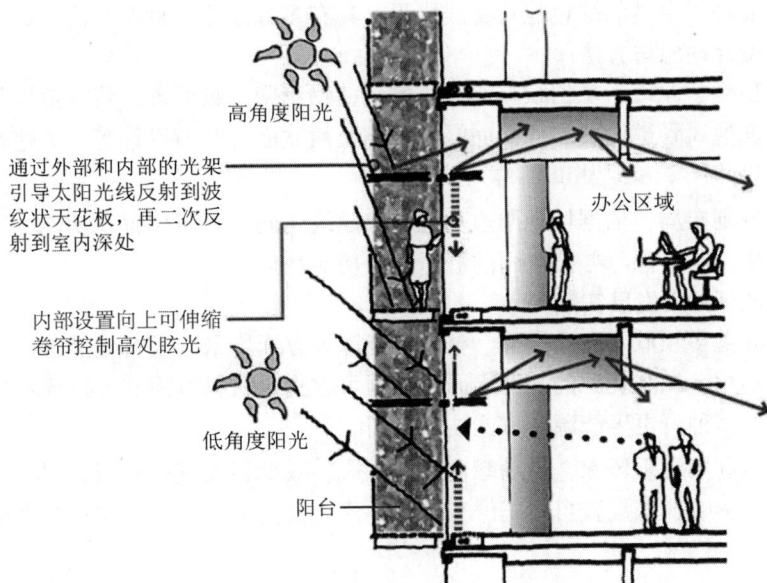

图 6.36　CH2 建筑北立面反光板设置

在建筑西立面，为了平衡遮阳与采光的需求，建筑采用了可控的活动百叶系统。百叶系统只有在中午 12 时至下午 3 时之间才会完全关闭，以有效阻挡强烈的西晒阳光。而在其余时段，百叶系统则保持打开状态，充分利用自然光线进行室内照明。

6.4.1.5 运营效果

在水资源方面，CH2 使用了喷淋水回收、雨水收集等节水技术，相比于一般的市政府办公楼节约了 72% 的水资源；材料方面，使用了可持续来源的木材、采用办公废料处理设施，减少了材料中的甲醛含量；交通方面，25% 的停车空间专用于小型车辆，提供了自行车停车区域，为上下班人员提供充足的公交设施；创新项目方面，采用冷却顶棚、多类型水再利用设备、相变材料、喷淋塔冷却、风力涡轮机；排放物方面，采用制冷剂泄漏监测系统、暴雨污水污染管理和处理系统；土地利用与生态方面，由于新建筑是替代一个废弃停车场而建的，未对场地产生新的生态影响；能源方面，采用光伏发电、风力涡轮机、相变材料储能、联产系统、冷却顶棚低能耗制冷系统；管理方面，建筑为未来用户提供了使用指南，采用独立的调试和优化系统，建造阶段使用了最佳的环境管理和废物管理系统；室内环境质量方面，提供 100% 新鲜空气，新风供给量是标准的 3 倍，用户可自行控制的通风口选用低等级室内空气污染的产品，80% 的用户有对外视线并且控制了眩光效应。

CH2 获得了绿色之星六星级评价，实现了节电 85%、节气 87%、节水 72%、减少 87% 的温室气体排放和 80% 的污水排放目标。建筑内的各个组成部分协同运转，通过供暖、制冷、供电和供水系统，为整座大厦创造了一个健康、高效且和谐的环境。在绿星评价的各项指标中，CH2 建筑达到了管理 8 分、室内环境质量 15 分、能源 16 分、交通 8 分、水资源 15 分、材料 6 分、土地利用与生态 2 分、排放物 4 分的绿星评价得分。

6.4.2 建筑仿生学节能减碳效果

墨尔本市政府 2 号办公大楼作为澳大利亚绿色健康办公建筑的典范，融合仿生学与可持续设计策略，展现了卓越的绿色建筑实践成果，具有多方面显著特点与优势。

（1）创新设计理念与方法

巧妙运用仿生学原理，从白蚁丘通风机制到植物遮阳蒸腾原理，将自然智慧融入建筑设计，如建筑立面通风管道设置、北立面绿化遮阳及西立面百叶窗设计等，为建筑节能与环境适应性提供新思路。

因地制宜规划布局，依据场地周边环境确定建筑朝向、入口位置及功能分区，实现建筑与环境和谐共生，同时保障办公空间的舒适性与功能性。

（2）全方位可持续发展实践

资源节约涵盖多领域，在水资源、材料、能源等方面均采取了有效措施，实现资源的高效利用与循环利用，如水资源的喷淋水回收和雨水收集、材料方面的可持续木材使用和废料处理、能源上的多种可再生能源及节能技术应用。

交通与土地利用注重环保，鼓励绿色出行方式，减少私人汽车使用，同时合理利用建设土地，减少生态影响，如设置自行车停车设施并优化公交配套，以及在废弃停车场原址建设新设施。

室内环境质量卓越，提供充足的新鲜空气、良好的通风条件，选用环保材料控制污染，保障使用者健康与舒适，提升工作效率。

（3）显著的运营效果与示范价值

该项目在节电、节气、节水、温室气体和污水排放等方面作用显著，获得绿色之星六星级评价。

综合效益显著，建筑各组成部分协同运作，营造健康、高效、和谐的办公环境，同时为其他建筑提供全面且可借鉴的绿色建筑设计、建设与运营范例，推动建筑行业向可持续方向发展。

在线习题

本章习题请扫二维码练习。

参考文献

［1］ 李天翔, 唐康贤. 太阳能光伏发电储能控制技术研究[J]. 光源与照明, 2024, (06): 129-131.

［2］ 朱杰, 王鹏, 曹鑫. 一种太阳能光伏发电的储能控制装置: CN202222504252. 0[P]. 2024-04-12.

［3］ 唐建平, 王立鹏. 风力发电机组[J]. 大功率变流技术, 2010(3): 33-37.

［4］ 黄仕亮. 新能源风力发电技术分析[J]. 通讯世界, 2024, 31(06): 124-126.

［5］ 杨威. 新能源时代电力电子技术在风力发电中的应用分析[J]. 电气技术与经济, 2023(8): 54-56.

［6］ 袁丽坚. 风光互补发电系统控制技术分析[J]. 中小企业管理与科技（上旬刊）, 2021, (01): 190-191.

［7］ 惠晶, 方光辉. 新能源发电与控制技术[M]. 2 版. 北京. 机械工业出版社, 2012.

［8］ 张云峰. 基于新能源发电的水力发电技术研究[J]. 节能与环保, 2023(09): 47-49.

［9］ YANG J L, TANG J B. Influence of envelope insulation materials on building energy consumption[J]. Frontiers in Energy, 2017, 11(4).

［10］ 徐岩. 真空绝热板制备及热工性能研究[D]. 长春: 吉林建筑大学, 2023.

［11］ 刘江. 基于玻璃纤维芯材的低导热系数长寿命真空绝热板研究[D]. 成都: 西华大学, 2023.

［12］ 陈照峰, 张俊雄, 王伟伟, 等. 真空绝热板技术的研究现状及发展趋势[J]. 南京航空航天大学学报, 2017, 49(01): 1-16.

［13］ 阚安康, 康丽云, 曹丹, 等. 隔气结构膜对真空绝热板热工性能及使用寿命的影响[J]. 真空科学与技术学报, 2015, 35(5): 538-543.

［14］ 涂春炘. 木粉基真空绝热板芯材的制备及绝热性能研究[D]. 福州: 福建农林大学, 2017.

［15］ 周国朝. XPS 挤塑保温板生产工艺过程的虚拟现实[D]. 邯郸: 河北工程大学, 2014.

［16］ 刘川. 挤塑聚苯乙烯泡沫塑料（XPS）的燃烧性能分级方法研究[D]. 南京: 东南大学, 2021.

［17］ 程运平, 薛俊杰, 田梅霞, 等. 浅谈新型绿色墙体材料的应用及发展趋势[J]. 河南建材, 2020(05): 82-83.

［18］ 杨秋香. 绿色墙体材料的经济效益分析[D]. 赣州: 江西理工大学, 2012.

［19］ 孙卫星. 叠合板分类及连接方式研究现状综述[J]. 建筑科技, 2024, 8(05): 74-79.

［20］ 丁治珣. 严寒地区近零能耗建筑能源管理控制技术设计与实现[D]. 长沙: 湖南大学, 2022.

［21］ 胡家磊. 温和地区近零能耗居住建筑热工设计模式与参数优化研究[D]. 西安: 西安建筑科技大学, 2022.[21]

［22］ 夏绪勇, 李书阳, 张勇炜, 等. 建筑碳排放设计指南[M]. 北京: 中国建筑工业出版社, 2023.

［23］ 曹立. 数字时代的碳达峰与碳中和[M]. 北京: 新华出版社, 2022.

［24］ 易昌良, 唐秋金. 中国碳达峰碳中和战略研究[M]. 北京: 研究出版社, 2023.

［25］ 林钢. 碳中和行动指南——建筑碳中和行动: 数字化重塑未来建筑新形态[M]. 北京: 化学工业出版社, 2023.

［26］ 金佩华, 杨建初. 碳达峰与碳中和[M]. 北京: 中国财政经济出版社, 2023.

［27］ 中国长期低碳发展战略与转型路径研究课题组, 清华大学气候变化与可持续发展研究院. 读懂碳中和[M]. 北京: 中信出版社, 2021.

［28］ 崔世钢. 碳中和导论[M]. 北京: 清华大学出版社, 2023.

［29］ 孙成宝, 金哲. 现代节电技术与节点工程[M]. 北京: 中国水利水电出版社, 2015.

［30］ 王昱. 绿色建筑节水节能技术在某高层建筑给排水设计中的应用[D]. 广州: 广东工业大学, 2015.

［31］ 赵文会. 综合能源服务技术框架及业务模式[M]. 上海. 上海财经大学出版社, 2019.

［32］ 黄秋兰. 基于 LCA 的装配式建筑碳排放测算与减排策略研究[D]. 广州: 广东工业大学, 2022.

［33］ 宝塔娜. 装配式技术对建筑物化阶段碳排放的影响研究[D]. 西安: 长安大学, 2020.

［34］ 高宇. 基于 BIM 和 GIS 的装配式建筑生命周期温室气体排放分析[D]. 深圳: 深圳大学, 2018.

［35］ 刘胜男. 装配式混凝土建筑物化阶段碳足迹评价研究[D]. 大连: 大连理工大学, 2021.

［36］ 孟昊杰. 装配式建筑施工碳排放计算及影响因素研究[D]. 成都: 西南交通大学, 2018.

［37］ 马彩云. 装配式建筑物化阶段碳足迹评价及减排策略研究[D]. 福州: 福建农林大学, 2019.

［38］ 赵愈, 孙思园, 刘陆. 装配式建筑碳减排驱动因素与路径研究[J]. 建筑经济, 2022, 43(10): 90-95.

［39］ GB/T 51366—2019. 建筑碳排放计算标准[S].

［40］ 蒋博雅. 工业化住宅全生命周期管理模式[M]. 南京: 东南大学出版社. 2017.

［41］ 杨路远. 预制混凝土构件物化阶段碳足迹测算[D]. 南京: 东南大学, 2017.

［42］ 中华人民共和国国家发展和改革委员会. 省级温室气体清单编制指南（试行）[EB/OL]. (2011-05)[2025-01-23].

［43］ TENG Y, LI K, PAN W, et al. Reducing building life cycle carbon emissions through prefabrication: Evidence from and gaps in empirical studies[J]. Building and Environment, 2018, 132(3): 125-136.

［44］ FORTUNA S, MORA T D, PERON F, et al. Environmental Performances of a Timber-concrete Prefabricated Composite Wall

System[J]. Energy Procedia, 2017, 113: 90-97.

［45］ 李海铭. 碳中和导向下装配式建筑设计关键策略研究[J]. 城市建筑, 2023, 20(04).

［46］ 陈婵璐. 建筑施工阶段碳排放测算方法及其定额研究[D]. 长沙: 长沙理工大学, 2021.

［47］ 许静, 姜青苗, 余丰毅, 等. 石材固废资源化利用的碳减排效益研究[J]. 福建师范大学学报（自然科学版）, 2022, 38(04).

［48］ 孟庆成, 胡垒, 李明健, 等. 建筑废弃物拆除阶段碳排放及碳补偿分析[J]. 环境工程, 2023, 41(07):

［49］ SHANG M, GENG H. A study on carbon emission calculation of residential buildings based on whole life cycle evaluation [J]. E3S Web of Conferences , 2021, 261:04013.

［50］ 政府间气候变化专门委员会（IPCC）. 2006 年 IPCC 国家温室气体清单指南[EB/OL]. (2006-05-01)[2025-1-23].

［51］ GB/T 2589—2020. 综合能耗计算通则[S].

［52］ 仓玉洁. 建筑物化阶段碳排放核算方法研究[D]. 西安: 西安建筑科技大学, 2018.

［53］ 耿皓晨. 基于 LCA 的城市住宅碳排放计算及减排对策研究[D]. 西安: 西安科技大学, 2021.

［54］ 沐磊. 无机防水材料节碳减排优势分析与探讨[J]. 中华建设, 2022(06): 109-114.

［55］ 毛希凯. 建筑生命周期碳排放预测模型研究[D]. 天津: 天津大学, 2018.

［56］ 王晨杨. 长三角地区办公建筑全生命周期碳排放研究[D]. 南京: 东南大学, 2016.

［57］ 蒋超, 谢崇实, 黎昆. 绿色建筑全生命周期碳排放计算实践与探讨——以重庆市设计院建研楼工程为例[J]. 重庆建筑, 2022, 21(06): 5-9.

［58］ 顾益明, 陈伟, 刘美霞, 等. 装配化装修低碳效益测算分析[J]. 建设科技, 2022(23): 10-14.

［59］ 张黎维. 基于 BIM 技术的绿色建筑碳足迹计算模型及应用研究[D]. 扬州: 扬州大学, 2022.

［60］ 谢慧, 宋园园, 张振迎. 冀东地区既有农居节能改造的全寿命周期碳排放分析[J]. 暖通空调, 2022, 52(11): 92-96.

［61］ 曹西, 缪昌铅, 潘海涛. 基于碳排放模型的装配式混凝土与现浇建筑碳排放比较分析与研究[J]. 建筑结构, 2021, 51(S2): 1233-1237.

［62］ 罗智星. 建筑生命周期二氧化碳排放计算方法与减排策略研究[D]. 西安: 西安建筑科技大学, 2016.

［63］ 钟思捷. 夏热冬暖地区住宅建筑碳排放研究[D]. 广州: 广东工业大学, 2022.

［64］ 赵伟祥. 装配式建筑物化阶段碳排放核算模型与低碳化路径研究[D]. 合肥: 安徽建筑大学, 2022.

［65］ 夏艳梅. 基于烧结页岩制品的夏热冬冷地区高性能外墙自保温系统的研究[D]. 绵阳: 西南科技大学, 2023.

［66］ GB 50189—2015. 公共建筑节能设计标准[S].

［67］ JGJ/T 449—2018. 民用建筑绿色性能计算标准[S].

［68］ 欧阳磊. 基于碳排放视角的拆除建筑废弃物管理过程研究[D]. 深圳: 深圳大学, 2016.

［69］ SJG 21—2011. 建筑废弃物减排技术规范[S].

［70］ 潘毅群, 李明玉, 刘羽岱, 等. 实用建筑能耗模拟手册[M]. 北京: 中国建筑工业出版社, 2012.

［71］ GB/T 51129—2017. 装配式建筑评价标准[S].

［72］ 住房和城乡建设部标准定额研究所. 房屋建筑与装饰工程消耗量[M]. 北京: 中国计划出版社, 2021.

［73］ 陈亚楠. 基于 LCA 的加气混凝土复合保温外墙板碳排放量算研究[D]. 济南: 山东建筑大学, 2023.

［74］ 常俊杰. 不同预制率下建筑物化阶段碳排放测算研究[D]. 重庆: 重庆大学, 2022.

［75］ GB/T 50034—2024. 建筑照明设计标准[S].

［76］ 李二晓. 陕西省建筑能效提升体系研究[D]. 西安: 长安大学, 2017.

［77］ 王玉. 工业化预制装配建筑的全生命周期碳排放研究[D]. 南京: 东南大学, 2016.

［78］ 王瑞. 围护结构节能改造与暖通空调系统生命周期评价方法研究[D]. 长沙: 湖南大学.

［79］ 刘业丹. 建筑废弃物处理综合效益评价及战略选择研究[D]. 广州: 广州大学, 2020.

［80］ 冯欢欢. BIPV 光伏组件与建筑结合的应用研究[J]. 中国高新区, 2018(10): 17-17.

［81］ 毕凯, 宋明中, 林玉杰, 等. 光伏建筑一体化技术及应用[J]. 中国科技信息, 2021(11): 41-42

［82］ 傅伊珺. 建筑光伏幕墙系统热电特性与综合利用研究[D]. 北京: 中国建筑科学研究院, 2023.

［83］ 王振文. 城市中风力发电与建筑一体化设计初探[J]. 建筑与文化, 2015, (11): 72-73.